国家自然科学基金（72002171）资助
陕西省软科学研究计划一般项目（2022KRM168）资助
西北工业大学管理学院学术专著、教材出版基金资助

从"精准扶贫"到"乡村振兴"

政企扶贫纽带的治理机制转换

刘慧　宁嘉琪　著

中国大百科全书出版社

图书在版编目（CIP）数据

从"精准扶贫"到"乡村振兴"：政企扶贫纽带的
治理机制转换/刘慧，宁嘉琪著．—北京：中国大百
科全书出版社，2023.6
ISBN 978-7-5202-1343-1

Ⅰ．①从… Ⅱ．①刘… ②宁… Ⅲ．①企业—扶贫—
研究—中国 Ⅳ．① F279.2 ② F126

中国图家版本馆 CIP 数据核字（2023）第 094582 号

出 版 人	刘祚臣
策 划 人	曾　辉
责任编辑	鞠慧卿
封面设计	乔智炜
责任印制	魏　婷
出版发行	中国大百科全书出版社
地　　址	北京市阜成门北大街 17 号　　邮政编码　100037
电　　话	010-88390636
网　　址	http://www.ecph.com.cn
印　　刷	三河市国英印务有限公司
开　　本	710 毫米 ×1000 毫米　　1/16
印　　张	14.5
字　　数	156 千字
印　　次	2023 年 6 月第 1 版　2023 年 6 月第 1 次印刷
书　　号	ISBN 978-7-5202-1343-1
定　　价	99.00 元

本书如有印装质量问题，可与出版社联系调换。

序言

——

　　我国脱贫攻坚取得的重大历史性成就，既在人类减贫史上具有划时代的历史意义，同时也走出了一条中国特色减贫道路，形成了有中国特色的反贫困理论。2020年10月17日，习近平总书记对脱贫攻坚工作作出重要指示，要求总结脱贫攻坚经验，发挥脱贫攻坚体制机制作用，接续推进巩固、拓展脱贫攻坚成果同乡村振兴有效衔接；在2020年12月28—29日召开的中央农村工作会议上进一步强调，巩固和拓展脱贫攻坚成果，全面推进乡村振兴，加快农业农村现代化，是需要全党高度重视的一个关系大局的重大问题。脱贫攻坚取得胜利后，要全面推进乡村振兴，这是"三农"工作重心的历史性转移。"精准扶贫"创造了世界扶贫史上的奇迹，理论界与实务界需要充分总结这个过程中的经验，并将脱贫攻坚过程中的成果延续至"乡村振兴"阶段，进一步推进成果的可持续性、高质量发展。

　　从"精准扶贫"到"乡村振兴"，企业都是十分重要的参与角色。从公司治理的视角探究企业配合政府参与扶贫兴村的内生动力，能够为政府与企业建立深度合作，通过政企纽带进一步合理配置资源，积极引导我国企业履行社会责任提供决策思路。刘慧博士等人的这本著作巧妙地论述并定义了通过扶贫兴村合作而形成的政企纽带，并在脱贫攻坚成果向乡村振兴阶段延续的制度背景下，协同升级该政企纽带的内涵——精准扶贫时期的"政企扶贫纽带"将在乡村振兴时期全面升级为"乡村－企业价值共创纽带"；以该政企纽带的治理效应为出发点，探索政府构建与企业可持续合作的动机支撑，为政府部门继续尝试更多政企合作新模式、引导企业履行社会责任提供思路；同时在扶贫兴村代表性案例研究的结果指导下，对于企业如何治理法律风险、如何选择战略衔接模式以响应"精准扶贫"到"乡村振兴"的制度逻辑更替提供理论建议。这本著作学术立意新颖，研究出发点密切联系国家的大政方针，真正做到了将学术研究服务于国家重大战略。

在理论研究上，这本专著结合国家扶贫兴村重大发展战略，创新性地延伸了政企纽带或者政治关联的内涵，拓展了相关学术研究的范式；在实践应用上，这本专著的写作过程中，作者进行了大量的企业调研和访谈，总结形成了一系列宝贵的企业扶贫兴村实践经验，为促进上市公司将主营业务与可持续发展战略结合开展扶贫兴村工作提供依据和激励，也为政府构建与企业可持续合作的动机提供经验证据，并为政府部门继续尝试更多政企合作新模式、引导企业履行社会责任提供思路。

本著作还是刘慧博士的国家自然科学基金青年项目"政企扶贫纽带对企业法律风险的治理机制及其效果研究"的系统性汇总成果。该项目历时近三年，形成了较为丰硕的研究成果，部分研究成果还被企业采纳使用，对企业的扶贫经验总结及乡村振兴战略的跟进具有指导意义，有效地实现了学术成果转换。

鉴于该著作的理论贡献与实践指引意义，我乐于为其出版作序。

对外经济贸易大学原副校长

2022 年 6 月于北京

自序

———

　　"精准扶贫"思想是习近平总书记新时代中国特色社会主义思想的重要组成部分，始于 2013 年的精准扶贫国家战略，这一思想指引中国社会于 2020 年实现了全面摆脱绝对贫困，逐步稳健地向着乡村振兴迈进。笔者始终认为哲学社科类的科研工作者应当把"学术研究做在祖国大地"，做服务国家重大战略方针的哲学社科研究。入行以来，我一直在做公司治理的相关研究，在国家的精准扶贫、乡村振兴、共同富裕的一系列政策下，公司治理的制度情景融入了这些新的因素，使我产生了浓厚的研究兴趣。尤其是在尝试与几家合作企业访谈交流、初步了解它们的扶贫兴村战略后，激发了我从政企扶贫兴村合作的视角探讨公司治理的研究兴趣，挖掘出了一些值得关注的管理学问题，并于 2020 年成功申请到了国家自然科学基金青年项目"政企扶贫纽带对企业法律风险的治理机制及其效果研究"，近两年一直致力于政企扶贫兴村合作的相关研究。

　　对于政府来说，政策的推行与经济的发展都离不开经济体的支持与配合，而企业被动配合甚至是被强制完成任务，并不是长久之计，很难形成良性循环。本著作突破传统的治理思维，探索企业配合政府宏观扶贫政策形成的政企纽带对企业法律风险的治理机制与治理效果，并探究从"精准扶贫"到"乡村振兴"政企扶贫纽带对企业法律风险的作用机制转换，尤其强调了乡村振兴政策背景下企业治理法律风险的长效机制，并在此过程中深入剖析企业通过该政企纽带为企业带来的多方位资源与可持续收益，鼓励更多的上市公司将其主营业务与可持续发展战略相结合，开展专业性的扶贫兴村工作，从"精准扶贫"到"乡村振兴"，积极配合政府长期履行扶贫和兴村的社会责任。研究开展的关键时期，我和我的团队调研了全国各地 30 余家扶贫兴村的代表型企业，我们不仅获得了析出理论框架的宝贵资料，更是受到了深深的触动——中国的企业，从积极配合国家的扶贫战略，到主动设计兴村的战略路径，将企业产业化经营与扶贫兴村的社会责任有机结合、协同成长，成为贡献于脱贫攻坚的市场力量。附录中，我特意附上了若干企业授权同意后公开的访谈材料，想与大家一起分享我国脱贫攻坚历程中企业参与的细节，感受国家的市场力量。

　　本著作非常适合研究扶贫问题和其他国家宏观战略的科研人员、政策制定人员、乡村振兴的一线工作者、扶贫兴村等政策的宣传人员等阅读。希望该书的出版，能为国家的扶贫兴村战略贡献一些理论支撑，能为扶贫兴村的一线工作者带来一些行动力量，能为"三农"问题的研究人员提供一些新的思路。

刘慧

2022 年 6 月于西安

摘要

　　本著作以政企扶贫纽带对上市公司法律风险的治理效应为研究核心，以 2016—2020 年我国上市公司为研究对象，通过数据库及手工搜集的方式获取了上市公司参与扶贫的方式、上市公司扶贫投入的资金与物品量、上市公司连续参与扶贫的时间等多项上市公司参与精准扶贫的大样本数据，构建了"上市公司精准扶贫数据库"。基于收集的数据，结合社会资本理论、资源基础理论、资源依赖理论，通过分析上市公司参与扶贫建立政企合作纽带的现状，并构建政企扶贫纽带对企业法律风险的治理路径理论模型，进而采用理论分析、质性研究、实证检验等方法探索在"精准扶贫"与"乡村振兴"战略衔接的视角下，政企扶贫纽带对上市公司法律风险的治理机制及治理效果，在诸多方面取得了具有创新性的研究发现。

　　本书的主要内容包括八章：导论；研究综述；企业扶贫模式对政企扶贫纽带建立的影响：逻辑与特征；政企扶贫纽带对企业法律风险的治理机制；政企扶贫纽带对企业法律风险的治理效果；制度环境因素的调节作用；从"精准扶贫"到"乡村振兴"政企扶贫

纽带对企业法律风险治理的机制转换；从"光伏扶贫"到"光伏兴村"——光伏科技企业的战略衔接经典案例。

本书创新性的重点研究成果主要包括以下五个方面。

第一，大多数学者对政企纽带的研究侧重于公司某位高官的个人社会网络，较少关注企业通过配合宏观政策参与政府活动形成的政企纽带，宏观政策引导下企业微观层面如何配合有待进一步研究。本著作基于当前我国将从"精准扶贫"转入"乡村振兴"的宏观政策背景，将企业配合政府参与扶贫的政企合作界定为政企扶贫纽带。本著作所研究的政企纽带以组织作为载体，其相较于以个人为载体的政企纽带更具有稳固性与可持续性。

第二，本著作对上市公司法律风险治理的研究不再局限于企业微观层面的治理行为。而是通过实证的方法研究企业经由配合国家宏观政策所建立的政企纽带如何对上市公司法律风险产生治理效应。

第三，本著作突破了部分学者从声誉维护角度分析企业法律风险治理时，只关注上市公司通过慈善捐赠形成的声誉效应。长期来看，无论是"精准扶贫"还是"乡村振兴"过程中的企业行为，均不能仅仅用声誉维护的动机予以诠释。本著作结合声誉效应、监督效应与价值效应，从短、中、长期的时间轴探索政企扶贫纽带对上市公司法律风险的治理路径与效果。

第四，本著作在分析"精准扶贫"到"乡村振兴"企业战略衔接时，加入了企业产业特征进行讨论，探索出企业在城乡格局"共性化"发展历程中的"个性化"战略选择，解析出政企扶贫纽带将全面升级为"乡村－企业价值共创纽带"。

第五，本著作将理论框架融入实践案例予以分析论证，选择了国务院"十大精准扶贫工程"之一的光伏扶贫开展案例研究，总结形成了从"光伏扶贫"到"光伏兴村"的光伏科技企业战略衔接经典案例，具象化了"精准扶贫"到"乡村振兴"企业战略的衔接演化，能够为我国脱贫攻坚成果与乡村振兴战略的有效衔接提供经验证据。

目录

第一章

导　论

一、我国资本市场法律环境发展的现状分析

古人云："万事皆归于一，百度皆准于法。"依法治国是中国共产党领导人民治理国家的基本方略。邓小平同志在接受外国记者采访时曾说："我们这个国家有几千年封建社会的历史，缺乏社会主义的民主和社会主义的法制。现在我们要认真建立社会主义的民主和社会主义的法制。只有这样，才能解决问题。"[①]依法治国是规范社会行为、调节社会关系、平衡社会利益、促进社会公平的统领，是解放和增强社会活力的前提，是国家长治久安的保证，也是社会主义市场经济蓬勃发展的要求。在经济方面，法律环境对企业生存发展的影响举足轻重。

---

① 1980 年邓小平在回答意大利记者法拉奇提问时所言。

从 1927 年建立革命根据地到今天，中国共产党探索依法治国的历程可以被划分为四个时期：

（1）第一个时期是从土地革命到 1949 年中华人民共和国成立，是党在局部执政的根据地进行初步法制建设，是中国共产党依法治国探索的开端。

中华人民共和国成立之初百废待兴、百业待举。这个时期中国共产党领导的法制建设经历了一个从无到有、从零散到比较系统的过程。1934 年 1 月，中央苏区制定了当时最重要的法律文件《中华苏维埃共和国宪法大纲》（以下简称《宪法大纲》），成为第二次国内革命战争时期工农民主政权的根本法。其肯定了革命胜利成果，指出斗争方向："这个专政的目的，是在消灭一切封建残余，赶走帝国主义列强在华的势力，统一中国，有系统地限制资本主义的发展，进行苏维埃的经济建设，提高无产阶级的团结力与觉悟程度，团结广大贫农群众在它周围，同中农巩固的联合，以转变到无产阶级的专政。"《宪法大纲》作为第一部由劳动人民制定的、确保人民民主制度的根本法，是共产党领导人民反帝反封建的工农民主专政的伟大纲领，调动了苏区人民积极性的同时，也为后来建立革命政权和法制建设提供了经验。

全面抗战时期，稳定的根据地以及巩固的政权加速了我国的法制建设，颁发了《陕甘宁边区施政纲领》这样重要的法律文件并定其为边区政府的根本法。其主要内容有三点：①规定边区政府的基本任务和奋斗目标；②规定保障抗日人民的各项民主权利；③规定边区政府的各项方针政策。

之后，法制建设在解放战争时期又有了进一步的提升。1947 年10 月颁布的《中国土地法大纲》成为在全国彻底消灭封建剥削制度的纲领性文件，这个大纲集中解决民主革命最重要的土地问题，规定废除封建土地制度，实行耕者有其田。农民得到祖祖辈辈梦想的命根子——土地，为保护革命胜利果实踊跃参加人民解放军。因此《中国土地法大纲》对保证解放战争和民主革命战争的胜利起到了重大的历史性作用。

纵观民主革命时期革命根据地的法制建设，有如下特点：第一，立法目的鲜明，即为保卫、巩固、发展党领导的革命政权服务，打击敌人，动员人民群众推翻反动统治者。立法的价值取向是，革命需要和人民利益至上。第二，立法内容在历史条件限制下有待完善，许多法律条文未能在实践中得到有效执行。第三，当时党领导革命的一个特点是，以政策为主，以法律为辅。由于政策较灵活多样、及时有效、内容具体，更加适合当时紧张的战争环境，因此当时许多巩固政权的措施是依靠政策而非法律条文制定的。尽管这一时期党处在被围剿、迫害的危险境地，但其作为工人阶级政党依然试图通过法制管理政权，这本身就具有重大意义，表明党是完全不同于旧式革命者的新型先进政党，对承担的艰巨历史使命有高度的自觉。这一时期的法制建设尚不成熟，但依然为新中国的法制建设做了杰出的奠基和开局工作，也为今天的依法治国提供了有益的启示。

（2）第二个时期是从中华人民共和国成立到十一届三中全会，这是我国社会主义法制建设取得重要成就而又遭受挫折的时期。

中华人民共和国的成立，结束了战争状态与半殖民地半封建社会的历史。民族独立解放与巩固的政权为全面的法制建设提供了基本的政治条件和社会环境。党明确宣布废除国民党的《六法全书》，在打破旧法统的基础上建立人民的法制。1949年9月在中国人民政治协商会议上通过了《中国人民政治协商会议共同纲领》(以下简称《共同纲领》),其第十七条明确规定:"废除国民党反动派政府一切压迫人民的法律、法令,制定保护人民的法律、法令,建立人民司法制度。"这一时期,法制建设以毛泽东有关人民民主专政的理论为指导思想,希望通过保护、巩固与发展新民主主义革命成果来为过渡到社会主义打下基础。《中国人民政治协商会议共同纲领》制定了中央人民政府组织法、工会法、婚姻法、土地改革法等一系列法律法令,对恢复经济、改善民生、巩固政权等具有积极作用。1954 年通过的中华人民共和国第一部宪法,在《共同纲领》的基础上进行了修订扩展,是这一时期法律建设成就的集大成者。宪法肯定了《共同纲领》中有关政治、经济、军事、文化教育等的基本原则,同时根据新民主主义向社会主义过渡的需要,规定了过渡时期的总任务及实现这一任务的具体方法和步骤;确立了人民代表大会的根本政治制度;规定了公民的基本权利和义务。1954 年宪法总结了我国人民长期革命斗争的历史经验,其颁布、实行巩固了革命胜利成果的基础,并推动了社会主义改造。1949 年到 1957 年期间,中央通过颁布的 900 多部法律法规初步建立起了人民民主专政的法律制度。1956 年党召开第八次全国代表大会,提出:"由于社会主义革命已经基本完成,国家的主要任务已经由解放生产力变为保护和发展生产力","国家必须根据需要,逐步系统地制定完备的法律"。1956 年社会主义改造的胜利完成为开展社会主义法制建设提供了良好条件,但是在历史原因等的影响下社会主义法制建设的道路是不平坦的。党对法制建设的看法很大程度上受到了长久以来"人治"思想的影响,加上党领导的革命是以"造反有理""无法无天"的暴力推翻反动统治的,因此从革命党转为执政党，法治思维很难在一朝一夕建立起来。董必武曾在中国共产党第八次全国代表大会上指出："法制不完备的状况，在新建的国家内会不可避免地存在一定时候，但是应该逐渐完备起来。如果让法制不完备的现象继续存在下去，就会成为一个严重问题。"他还指出："不重视和不遵守法制的现象，有它的历史根源。一是我们的党员和干部仇视旧法制的心理，容易引起对一切法制的轻视心理；一是革命的群众运动不是完全依靠法律的，因而助长人们轻视一切法制的心理。因此，必须采取积极措施，健全人民民主和法制。"可惜他的观点在历史条件影响下并没有受到重视和认同，并且对经典作家关于无产阶级专政论述的误解加剧了这种情况。列宁在十月革命前写道："无产阶级专政是直接凭借暴力而不受任何法律约束的政权。"列宁的原意是表达无产阶级结束旧有制度后建立的政权不受旧法统约束，但其并未论述无产阶级政权与新的法律的关系，更未能提出依法治国思想，这严重影响了经验不足的中国共产党对法制的观点。八大党章就体现出了一定的历史局限性。其内容中没有说明一些关于执政党领导和依法治国的重大问题，如：党同宪法、法律的关系；党要保证国家机关、司法机关和各种经济文化组织有效地行使自己的职权问题等。而这些问题也并未在八大以后得到及时地纠正，党未能够进一步健全社会主义民主法制。20 世纪 50 年代后期在"左"倾思想影响下，党内提出加强一元化领导的口号。党内权力过分集中于几个书记，尤其是第一书记，这使得党的一元化领导变质，成为个人领导。"文化大革命"发生的一个重要原因就是党同其他群体间职权范围划分问题未能得到很好解决，后期党权过大，甚至不受宪法与法律的约束。因此在"文化大革命"期间，中国的民主法制建设遭到严重破坏，立法工作几乎陷于停顿。

（3）第三个时期是从十一届三中全会到十八届四中全会。这是中国共产党确立依法治国方略、社会主义法治建设取得重要进展的时期。

"文化大革命"对社会主义法制的破坏是极其严重的，中国共产党和中国人民在付出了沉重代价的同时也进一步提升了对社会主义制度的认识。十一届六中全会《关于建国以来党的若干历史问题的决议》（以下简称《决议》）对"文化大革命"做出了总结。其指出："'文化大革命'的发动和发展的一个重要条件是，党没有能把党内民主和国家政治生活、社会生活的民主加以制度化、法律化，或者虽然制定了法律，却没有应有的权威"。为吸取"文化大革命"这一惨痛经验教训，十一届六中全会《决议》指出："必须巩固人民民主专政，完善国家的宪法和法律并使之成为任何人都必须严格遵守的不可侵犯的力量。"针对过去存在的问题，邓小平在十一届三中全会前召开的中央工作会议上也强调民主制度化、法律化，并强调其不以人的意志力为转移。十一届三中全会深刻总结了中华人民共和国成立以来的经验教训，党中央把发展社会主义民主、健全社会主义法制提到前所未有的高度，提出了"为了保障人民民主，必须加强社会主义法制，使民主制度化、法律化，使这种制度和法律具有稳定性、连续性和极大的权威，做到有法可依、有法必依、执法必严、违法必究"。至此，新时期法制建设走上快车道。1982年第五届全国人民代表大会第五次会议通过了现行宪法，在各个领域制定修改了一系列法律法规。这一时期我党强调以经济建设为中心，推进改革开放，因此法制建设的特点是不断从改革深化和建设发展中吸取动力。党中央也通过对立法工作不断提出新要求来加快法制建设。1992年，党的十四大做出了建立社会主义市场经济体制的重大战略决策，明确提出社会主义市场经济体制的建立和完善必须有完备的法制来规范和保障。从此，我国立法工作进入了一个新的阶段。十四届三中全会通过的《关于建立社会主义市场经济体制若干问题的决定》指出，要"遵循宪法规定的原则，加快经济立法，进一步完善民商法律、刑事法律、有关国家机构和行政管理方面的法律，在本世纪末初步建立适应社会主义市场经济的法律体系"，立法的重点是"要抓紧制定关于规范市场主体、维护市场秩序、加强宏观调控、完善社会保障、促进对外开放等方面的法律。同时，还要适时修改和废止与建立社会主义市场经济体制不相适应的法律和法规"。1997年，随着社会主义市场经济体制的逐步建立与各项事业的全面发展，党的十五大提出："依法治国，是党领导人民治理国家的基本方略，是发展社会主义市场经济的客观要求，是社会文明进步的重要标志，是国家长治久安的重要保证。"首次把依法治国作为党领导人民治理国家的基本方略。1999年3月，九届全国人大二次会议通过的《中华人民共和国宪法》修正案（第12—27条），将"依法治国，建设社会主义法制国家"纳入宪法。这标志着党在治国理政的方式上发生了转变——由过去主要依靠政策与行政手段转为主要依靠法律手段；同时也标志着我国正式走上了依法治国的道路。2002年，中共十六大提出让"依法治国基本方略得到全面贯彻"的要求，此后十六届四中全会根据这一要求又提出党要实行"科学执政、民主执政、依法执政"，通过对执政方式的完善来推动依法治国进程。到2010年年底，中国已制定现行有效法律236件、行政法规690件、地方性法规8600多件。2007年中共十七大号召："全面落实依法治国基本方略，加快建设社会主义法治国家。依法治国是社会主义民主政治的基本要求。要坚持科学立法、民主立法，完善中国特色社会主义法律体系。"这一时期我国法治建设取得重要进展，正如十八届四中全会所总结的：经过十一届三中全会以来 30 多年的努力，"中国特色社会主义法律体系已经形成，法治政府建设稳步推进，司法体制不断完善，全社会法治观念明显增强"。中国特色社会主义法律体系的形成成为我国依法治国道路上的重要里程碑，具有重大而深远的影响。

（4）第四个时期是以十八届四中全会为标志，进入全面推进依法治国、建设中国特色社会主义法治体系的新阶段。

党中央在 2012 年 11 月召开的中国共产党第十八次代表大会上做出了全面推进依法治国的部署后，2013 年 11 月，十八届三中全会又提出全面深化改革的总目标。在这两次会议召开后，2014 年 10 月，十八届四中全会通过了《关于全面推进依法治国若干重大问题的决定》（以下简称《决定》）。《决定》一方面对改革开放后法治建设工作取得的成就做出了肯定，另一方面又指出了该时期法治建设依然落后于国家发展的脚步，仍存在许多问题，主要表现为：①立法工作方面：部分法律法规的制定缺乏全面性、针对性与可操作性；②执法方面：执法司法过程中存在不公平现象，出现多头执法、选择性执法等问题，引起人民群众强烈不满；③守法工作方面：部分社会成员法律知识欠缺，未能拿起法律武器维护自己的合法利益；部分领导未能起到带头守法作用，甚至以权压法、徇私枉法，行为恶劣。这些问题如果不能及时解决，社会主义法治原则就会遭到破坏，人民群众利益也会被损害，甚至党和国家的发展也被阻碍。据此，《决定》提出了全面推进依法治国的总目标是"建设中国特色社会主义法治体系，建设社会主义法治国家"。值得注意的是，这里提出的法治体系不同于法律体系，它包括法律的规范、实施、监督、保障和党内法规五大体系；法治国家也不同于一般的法制建设，它包括法治国家、政府、社会的三位一体的建设和立法、执法、司法、守法各个环节。十八届四中全会在依法治国总目标下，通过《决定》确立了若干原则和任务，制定了建设法治中国的完整施工图，标志着中国进入了建设社会主义法治体系的新阶段。2017 年 10 月，党的十九大报告在"全面推进依法治国"的基础上，又进一步要求"坚持全面依法治国"，说明我党对法治社会的建设提出了更高要求；2019 年十九届四中全会深化强调："加快形成完备的法律规范体系、高效的法治实施体系、严密的法治监督体系、有力的法治保障体系"；2020 年中央召开全面依法治国工作会议，习近平总书记强调"以解决法治领域突出问题为着力点，坚定不移走中国特色社会主义法治道路"。

我国依法治国的发展历程总结列示于表 1-1。

表 1-1　中国依法治国发展历程一览表

时间	代表性事件	主要内容及意义
1934 年 1 月	通过《中华苏维埃共和国宪法大纲》	作为中国第一部反映劳动人民当家做主、参加国家管理的宪法性文件，为后来建立革命政权和法制建设提供了经验
1941 年 11 月	通过《陕甘宁边区施政纲领》	是边区政府的根本法
1947 年 9 月	颁布《中国土地法大纲》	解决了土地问题，打破了封建土地所有制，激发了群众的革命性
1949 年 9 月	颁布《中国人民政治协商会议共同纲领》	确定基本政治制度、军事制度、经济政策以及文化教育政策等，开启了新中国民主法制建设的历史进程

续表

时间	代表性事件	主要内容
1954 年 9 月	颁布中华人民共和国第一部宪法	肯定了《共同纲领》中相关制度；规定了过渡时期的总任务及实现这一任务的具体方法和步骤；更具体规定了国家机构和公民的基本权利义务
1956 年 8 月	召开中国共产党第八次全国代表大会	会议提出"国家必须根据需要，逐步地系统地制定完备的法律"
1978 年 12 月	召开中国共产党第十一届中央委员会第三次全体会议	决定将全党的工作重点和全国人民的注意力转移到社会主义现代化建设上，提出了改革开放的任务。提出要做到"有法可依、有法必依、执法必严、违法必究"
1981 年 6 月	召开中国共产党第十一届中央委员会第六次全体会议	会议指出"必须巩固人民民主专政，完善国家的宪法和法律并使之成为任何人都必须严格遵守的不可侵犯的力量"
1982 年 11 月	召开第五届全国人民代表大会第五次会议	通过了现行宪法，标志着中国民主法制建设进入新的历史阶段
1992 年 10 月	召开中国共产党第十四次全国人民代表大会	会议明确提出"社会主义市场经济体制的建立和完善必须有完备的法制来规范和保障"，标志我国立法工作进入了一个新的阶段
1999 年 3 月	召开中华人民共和国第九届全国人民代表大会第二次会议	通过了宪法修正案，将"依法治国，建设社会主义法治国家"载入宪法，标志着我国正式走上了依法治国的道路
1993 年 11 月	召开十四届三中全会	通过了"关于建立社会主义市场经济体制若干问题的决定"，提出加快经济立法并完善各领域法律制度
1997 年 9 月	召开中国共产党第十五次全国代表大会	会议提出了 21 世纪第一个十年国民经济和社会发展的远景目标，确立了"依法治国"基本方略
2002 年 11 月	召开中国共产党第十六次全国代表大会	将"依法治国基本方略得到全面落实"作为全面建设小康社会的重要目标
2007 年 10 月	召开中国共产党第十七次全国代表大会	强调"全面落实依法治国基本方略，加快建设社会主义法治国家"

时间	代表性事件	主要内容
2012 年 11 月	召开中国共产党第十八次全国代表大会	对法治国家、法治政府做出了总体部署,强调"法治是治国理政的基本方式"
2014 年 10 月	召开中国共产党第十八届中央委员会第四次全体会议	会议通过了《中共中央关于全面推进依法治国若干重大问题的决定》;提出"建设中国特色社会主义法治体系,全面推进依法治国"的指导精神
2017 年 10 月	召开中国共产党第十九次全国代表大会	在"全面推进依法治国"的基础上,进一步要求"坚持全面依法治国"
2019 年 10 月	召开中国共产党第十九届中央委员会第四次全体会议	强调"加快形成完备的法律规范体系、高效的法治实施体系、严密的法治监督体系、有力的法治保障体系"
2020 年 2 月	召开中央全面深化改革委员会第十二次会议	强调"完善社会主义市场经济法律制度,强化法治保障"

我国资本市场是在改革开放以后伴随着经济发展而出现的,对资本市场法律制度的探索研究与设计制定也纷至沓来。资本市场中,企业涉及的法律纠纷绝大多数为民事诉讼,因此要对我国民事诉讼法的变迁历程进行回顾与分析,1978 年 12 月召开的中共十一届三中全会,中共中央正式提出"加强社会主义民主与法制建设",拉开了中国法治的帷幕,标志着国家法治建设进入了全面恢复与发展的新阶段。随着国家整体法制建设的重建,民事诉讼制度也逐渐创建并不断改革与发展;1978 年至 2018 年,民事诉讼的基本准则《民事诉讼法》从制定到不断变迁,走过了整整 40 年。我国《民事诉讼法》的变迁过程梳理如下。

(1)第一阶段:《民事诉讼法》的试行立法

1979 年,最高人民法院召开第二次全国民事审判工作会议,制定了规范民事诉讼的文本《人民法院审理民事案件程序制度的规定（试行）》；然而必须制定程序法才可以通过诉讼程序解决纠纷，于是在 1982 年，第五届全国人民代表大会常务委员会第二十二次会议通过了我国第一部社会主义民事诉讼法典——《中华人民共和国民事诉讼法（试行）》。但是当时建立的民事诉讼制度缺失较多，相关规定缺乏细节，应用性差。出现这一情况主要是由于那一时期中国市场经济不发达，在这一环境下出现的纠纷形态并不复杂，人民法律意识十分薄弱，对现代民事诉讼情况了解不够，这也反映出当时我国社会整体法律环境的薄弱。

（2）第二阶段：《民事诉讼法》的正式立法

1978 年中共十一届三中全会拉开了改革开放的序幕，中央决定把党和国家的工作重点转移到经济建设中来，提出了"为了保障人民民主，必须加强社会主义法制，使民主制度化、法律化，使这种制度和法律具有稳定性、连续性和极大的权威，做到有法可依、有法必依、执法必严、违法必究"。资本市场在改革开放后出现，随着计划经济向市场经济的转变，企业逐步成为市场主体，法律方面的规章制度也应与之相匹配。在这个历史阶段中，由于开放的新思潮，人民更加注重程序正义对审判结果公正的影响以及对当事人处分权的自由。在这样的环境背景之下，1991 年，我国颁布了新中国成立后第一部正式的民事诉讼法典《中华人民共和国民事诉讼法》，明确了我国民事诉讼的统一性，"经济诉讼"也包含在民事诉讼之内，并且将诉讼调解的方式由"着重调解"改为"自愿合法调节"。

（3）第三阶段：《民事诉讼法》的修改

进入 21 世纪，伴随着我国经济发展脚步的不断加快，政治、文

化等领域也进行着相应的改革。市场经济逐渐繁荣，人民也越来越
能意识到法律的重要性，因此诉讼纠纷日益增加。这时，《民事诉讼
法》的缺陷就体现出来。2007年，针对"再审难""执行难"这两
个突出问题，《民事诉讼法》进行了一次小的修订，进一步细化再审
制度，增设立即执行制度并加大执行威慑机制，努力解决再审和执
行的困难，但是此次修订带来的成果却并不显著。

（4）第四阶段：《民事诉讼法》的再次修改

虽然我国在2007年对《民事诉讼法》做出了相应修改，但此
次修订范围有限，也并没有取得满意效果。《民事诉讼法》中存在的
问题由于民事纠纷案件的增加而日益凸显，国家需要通过进一步完
善法律来更好地解决民事纠纷。2012年，为了尽可能满足人民的诉
求，解决民事诉讼中的实际难题，人大法工委广泛调查收集相关资
料，征询有关部门和专业学者的建议，形成修改草案，最终通过了
《民事诉讼法》的修改稿。这次的修改主要针对《民事诉讼法》的
实用性做出以下几点补充：①强调信用。修改稿将诚实守信原则纳
入法律中，规定：诉讼主体在民事诉讼中必须诚实信用；②明确了
民事公益诉讼制度。污染环境、侵害众多消费者合法权益的行为可
以被直接提起诉讼，这也体现了我国从立法层面的公益意识的提升；
③建立小额诉讼制度。此次修改专门针对一些简单的、小额的民事
纠纷建立相应诉讼制度，用以解决一些小规模民事诉讼成本大于收
益的尴尬局面，使得我国的《民事诉讼法》进一步完善。

（5）第五阶段：《民事诉讼法》的微调补充

2017年6月，《民事诉讼法》再次做出修改。但本次修改仅仅
针对一项条文，确立了检察公益诉讼，明确将公益诉讼的权利赋予

了检察机关，体现了对公益诉讼的重视程度。

《民事诉讼法》的此次修改虽然范围不大，但却起到了风向标的作用，指明法律调整也要适时而为，尽管只是改动一项条文，也要及时地开展修改补充。在过去我们认为集中性的修改更能体现全局化，但却忽略了这种做法对法律及时性的影响。未来的发展中，这样的"微调"更能顺应需求，不断地、及时地完善《民事诉讼法》。

表 1-2 《民事诉讼法》的变迁过程

重要时间点	事件
1982 年	《中华人民共和国民事诉讼法（试行）》颁布
1991 年	新中国成立后，第一部正式的民事诉讼法法典《中华人民共和国民事诉讼法》颁布
2007 年	《中华人民共和国民事诉讼法》针对"再审难""执行难"两个问题进行修改
2012 年	《中华人民共和国民事诉讼法》从十个方面进行了较为综合的修改
2017 年	《中华人民共和国民事诉讼法》仅进行一项修改，确立了检察公益诉讼

改革开放至今，《中华人民共和国民事诉讼法》从立法试行到正式颁布，后续又经历了两次较为集中的全面修改，近期逐步转向及时地微调补充，不断改善立法机制，顺应日益开放、日益民主的社会需求。《民事诉讼法》的变迁史，也是我国法律环境不断发展改善的微观缩影：新中国成立时，我国的法律制度严重缺失，虽然我党在法治化的道路上不断探索，但"文化大革命"又给我国的法治建设沉重一击；1978 年改革开放后重新建立法制，中共十一届三中全会提出，为了保障社会主义民主，必须加强社会主义法制；1987 年，党的十三大报告指出应当通过改革使我国社会主义民主政治一步步

走向制度化、法律化；1992 年，中国共产党第十四次全国人民代表大会明确提出："社会主义市场经济体制的建立和完善必须有完备的法制来规范和保障。"；1999 年，第九届全国人大将"依法治国"正式作为治国方略写入宪法修正案，这是我国社会主义民主法制建设的一大里程碑；2002 年，党的十六大提出，要把依法治国作为"党领导人民治理国家的基本方略"；2012 年，十八大报告中对法治国家、法治政府做出了总体部署，强调"法治是治国理政的基本方式"；2017 年，党的十九大报告指出"全面依法治国是中国特色社会主义的本质要求和重要保障"。

历经 40 年的发展、改革与变迁，我国建成了比较完备的法律制度体系，法律环境稳步提升，走出了一条中国特色社会主义法律道路，以法律法规为基础的司法干预机制在我国资本市场中也得到了普遍的认同和使用，资本市场法律法规的建设与资本市场的发展壮大、改革创新始终环环相扣。上市公司作为资本市场的主要参与者活跃在各类经济往来之中，因此难免发生各类纠纷；随着《民事诉讼法》实用性的增强，我国法律大环境的不断改善，经济实体之间一旦发生纠纷，私下调解无效后，上市公司往往会诉诸法律维护自身权益，因此诉讼事项的发生也日益增多，企业法律风险的治理也显得越来越重要。

二、我国扶贫政策的发展演化进程分析

贫困问题曾是困扰中华民族几千年的头等问题。习总书记曾讲

道:"贫困是人类社会的顽疾。反贫困始终是古今中外治国安邦的一件大事。一部中国史,就是一部中华民族同贫困做斗争的历史。"贫困问题不仅事关民生,也阻碍着经济发展,影响国运兴衰。长久以来,我党都走在消灭剥削、消除贫困、实现共同富裕的道路上,在各个时期提出顺应时代的系列措施以期推进扶贫脱贫进程。新中国成立至改革开放之初的 30 年,我国总体经济发展仍处于较低水平。1978 年的中国是世界贫困人口总数最多的发展中国家。根据国家统计局的统计数据,当时全国贫困人口的规模为 2.5 亿人,占全国人口总数的 25.97%,占当时农村人口总数的 30.7%,占世界贫困人口总数的 1/4。由此可见,那个时期的中国面临着严重的贫困问题,也因此产生了一系列亟待解决的社会问题,扶贫形势十分严峻。

面对日益增加的国际竞争压力,1978 年年底,中国决定采取非平衡战略方式发展,支持有条件的沿海地区首先发展起来。但随着改革开放的进行,到 20 世纪 90 年代中后期,地区间以及地区内部发展不平衡问题逐渐显露出来,出现了东部、西部以及中部城市发展水平的巨大差异,尤其是贫困地区的生产力发展迟迟不能前进。这种发展模式使得我国贫富差距越来越悬殊,也由此带来了许多的社会问题,加深了社会矛盾。想要缓解社会矛盾,增强社会安定团结,形成和谐社会,就必须通过更加积极的扶贫减贫措施来帮助贫困地区人民解决问题,缩小贫富差距,实现"共同富裕"。

中国共产党人一直以来都在为解决贫困问题而奋斗,新中国成立之初百废待兴之时,我国的扶贫开发就已经开始了。但真正严格意义上的扶贫,是在改革开放后提出并在改革开放进程中逐步明确的。改革开放解放和发展了生产力,为大规模实施扶贫计划提供了条件。80 年代中期，我国农村贫困人口面临的还是"吃饭问题"，因此当时中国扶贫工作的主要目标是解决农村贫困人口的温饱问题，工作重点是改变贫困地区经济、文化落后的状态。由改革开放开始，中国扶贫开发的历史阶段可以概括如下。

1. 区域性救济式扶贫阶段（1978—1985 年）

1978 年，按中国政府确定的贫困标准统计，农村贫困人口为 2.5 亿人，贫困发生率为 30.7%，占世界贫困人口总数的 1/4。"人民公社"体制使得农民生产积极性降低，进一步导致我国农村大范围贫困问题的出现，因此我国急需新的制度来带领农民提高生产力，摆脱贫困。党的十一届三中全会以后，改革开放废除了人民公社，建立了家庭联产承包责任制，改变了我国旧有的经营管理体制。在家庭联产承包责任制的影响下，农民的生产热情被激发出来，粮食产量连创历史新高。伴随着国家大幅度提高农副产品价格、农村集贸市场繁荣，乡镇企业异军突起，农民收入快速增长，大面积缓解了农村的贫困问题。英国《经济学家》杂志 1992 年 11 月 2 期的一篇文章认为，1978 年有 2 亿到 2.7 亿中国人生活在"绝对贫困"中，到 1985 年农村改革大体完成的时候，绝对贫困人口为 1 亿人，经济改革的头 6 年里，中国就有相当于一个日本或两个英国，或者说半个美国的人口摆脱贫困。

由于改革开放的顺利进行，我国经济总量的增加速度可观。从 1978 年到 1985 年，中国国内生产总值总量、人均国内生产总值、国家财政收入均翻了一番左右，其中人均国内生产总值由 381 元上升到 858 元，财政收入由 1132 亿元上升到 2004 亿元。有了经济实力的保障，我国开始在 1980 年采取一系列区域性扶贫工作，并划定了

18 个连片贫困区进行重点扶持。扶贫计划最初采取的是直接转移资金的"输血"为主的救济式扶贫,后来才逐步转向以"造血"为主的开发式扶贫。例如我国针对革命老区、少数地区以及偏远贫困地区面临的温饱问题与经济发展困难,设立了专项资金进行支援,将"老、少、边、穷"地区的贫困问题列为各级政府工作的重点。这一资金计划后来不断补充完善,一直延续至今。又如 1983 年,为根本改变"三西"地区贫困面貌,国家开启了"三西"农业专项建设,确定了"有水走水路,无水走旱路,水旱路都不通另找出路"的方针和"大力种草、种树,兴牧促农,因地制宜,农林牧副全面发展"的扶贫开发思路。最初,国家每年拿出两亿元对这几个地区进行农业建设,这一资金计划后来延续了 30 多年。最具有救济式扶贫特点的扶贫工程是 1984 年原国家计划委员会提出的"以工代赈"计划,"以工代赈"作为农村扶贫政策,主要是通过让受赈济者参加工程建设以获得报酬,通过这种方式替代直接救济。实际上,救济式扶贫很难帮助农民脱离经济、文化落后的状态,无法根治贫困问题。因此,我国决定纠正单纯救济观点与依赖思想,正确使用财政扶持。同年,中共中央、国务院发布《关于帮助贫困地区尽快改变面貌的通知》,提出开发式扶贫的思路,希望通过进一步放宽政策给予贫困地区农牧民更大的经营主动权。此后,我国的贫困标准也由于人们收入水平的提高而做出了动态的调整。1985 年,国家确定的贫困线标准是 206 元,在此基线以下的人口有 1.25 亿,并主要分布在 18 个集中连片贫困地区,涉及全国 410 个县,主要是"老、少、边、穷"地区。这为接下来全国大规模的开发式扶贫拉开了序幕。

2. 政府主导型大规模开发式扶贫阶段（1986—1993 年）

20 世纪 80 年代初开始，中国的改革重点开始由农村转向城市，由农业转向工商业，"三农问题"逐渐凸显出来。伴随着市场经济改革的不断推进，沿海与内陆地区发展差异逐渐拉大，城乡收入不平衡问题也显露出来。据中国政府公布的资料，1985 年中国农村年人均收入在 200 元以下（相当于当年全国农村人均纯收入水平的 50%）的人口仍有 1.25 亿，占当时农村总人口的 14.8%，其中有近 4000 万人年均纯收入不足 150 元，占农村人口总数的 4.4%。由此看来，我国的贫困问题依然严峻。

这一时期是中国共产党带领全国人民由温饱向小康迈进的时期，在摆脱贫穷的基础上实现共同富裕是社会主义的本质要求。同时，在这个阶段，我国改革开放形成了全方位开放的格局，社会主义市场经济体制更加完善，经济飞速增长，中国成为世界第二大经济体，人民生活水平不断提高，综合国力显著增强，大规模扶贫式开发获得了坚实的物质基础。1986 年，中国政府成立国务院贫困地区经济开发领导小组，开始实施有组织、有计划、大规模的开发式扶贫。国家扶贫机构的一项重要职能是瞄准扶贫对象，最初确定的是以县为单位的瞄准机制。1986 年，按照国家收入标准，政府最初确定了 258 个国家级贫困县，各省级政府也按照一定的收入标准确定省级贫困县。之后，贫困县的标准随着发展而不断做出调整，因此贫困县的数量也在调整中进一步增加，最多时达到 592 个。

总之，这一时期的扶贫工作可以归纳为以下四点：一是确立了贫困地区经济开发的方针；二是制定了专门针对贫困地区和贫困人口的政策措施；三是对 18 个集中连片贫困地区实施重点扶贫开发；

四是确定了对贫困县的扶持标准，将70%的扶贫资金用于贫困县，并核定了贫困县，分中央政府和省（自治区）两级重点扶持。到1993年年底，全国农村没有解决温饱的贫困人口减少到8000万人，平均每年减少640万人，贫困发生率下降到8.7%。

3."八七扶贫攻坚"阶段（1994—2000年）

1994年国务院颁布的《八七扶贫攻坚计划》中提出："集中人力、物力、财力，动员社会各界力量，力争用七年左右的时间，基本解决农村贫困人口的温饱问题。"这一计划实现了救济式扶贫向开发式扶贫的转变，同时也标志着扶贫开发中一场艰难的攻坚战役由此开始。

在这一阶段，国家也提出了许多新的政策和措施：1.资金方面。对资金的使用方式进行合理化，扶贫资金数额及分配方案由贫困程度决定并且严格执行对资金使用的审查监督制度；建立约束与激励机制以求资金使用长效化。2.政策方面。国家实施包含信贷优惠、财税优惠、经济开发优惠在内的各项优惠政策，保障资本市场发展。3.组织安排方面。由于各政府部门在扶贫计划中承担不同责任，负责不同工作，因此各部门应分别制定本部门的"八七"扶贫攻坚实施方案，在资金、技术、物资上向贫困地区倾斜。

"八七"扶贫的七年间，中央累计向592个国家级贫困县投入专项扶贫资金1242亿元，主要投向农业、基础设施建设和工业领域，部分投向交通、教育及医疗卫生等领域。"八七"扶贫攻坚计划作为20世纪后七年全国扶贫开发工作的纲领，为解决我国贫困问题做出了巨大贡献。经过近七年努力，到2000年年底，国家"八七"扶贫攻坚目标基本实现，农村贫困人口由1993年的8000万减少到2000

年的 3209 万，同期贫困发生率也由 8.7% 下降到 3.4%，两亿多农村
贫困人口的"吃饭问题"得到解决。政府也在此基础上对此前的扶
贫工作做出调整，逐步将开发式扶贫制度化。

4. 全面建设小康社会时期的扶贫开发阶段（2000 年至今）

经过"八七扶贫攻坚计划"七年的努力，国家级贫困县贫困人
口数量与比例均明显下降，此时的中国贫困人口在空间上已呈分散
化，区域分布转为点状。这一阶段的显著特征是：（1）扶贫开发工
作进一步深入，开始实施村级瞄准机制，将农村贫困人口中最低收
入者作为扶持开发的对象。（2）农业产业化开发扶贫，通过促进贫
困地区农业与市场的对接并改善基础设施，加速农业产业化。开始
注重扶贫工作的成果巩固。

2001 年，《中国农村扶贫开发纲要（2001—2010 年）》（以下简
称《纲要（2001—2010 年）》）颁布实施。进入 21 世纪以后，中国
贫困问题也出现了新变化，主要是：贫困地区的分布逐渐分散化，
由以县为中心逐渐转向以村为中心；普遍贫困问题得以缓解但贫富
差距逐渐拉大；贫困的程度由温饱型贫困向低收入型贫困转化；贫
困的性质由收入型贫困向健康、教育、社会福利等发展型贫困转化。
这样，21 世纪之初中国扶贫的"底账"除了 3000 万人尚未解决温
饱问题外，另有 6000 万人处于低收入贫困状态。为应对中国贫困问
题的新变化，《纲要（2001—2010 年）》提出了新的扶贫目标：尽快
解决少数贫困人口温饱问题，进一步改善贫困地区的基本生产生活
条件，巩固温饱成果，提高贫困人口的生活质量和综合素质，加强
贫困乡村的基础设施建设，改善生态环境，逐步改变贫困地区经济、
社会、文化的落后状况，为达到小康水平创造条件。这一时期我国

的扶贫重心发生转移，实施以改善农村的基础设施为重点的"整村推进计划"。在对贫困人口帮扶方面，也由以救济为主转向以能力提升为主，重点是为贫困县的劳动力提供培训，以及为农业企业提供补贴贷款等。这一时期，中国政府还通过一系列优惠政策与保障制度来缓解和消除农村的贫困问题。到2010年，按低收入贫困线衡量的农村贫困人口为2688万人，贫困发生率为2.8%，"十一五"扶贫目标基本实现。

2011年，中国政府公布《中国农村扶贫开发纲要（2011—2020年）》，标志我国扶贫开发已转为巩固温饱成果、加快脱贫致富、改善生态环境、提高发展能力、缩小发展差距的新阶段。

5. 建成小康社会进程中的精准扶贫阶段（2013—2020年）

2013年年底，习总书记首次做出"实事求是、因地制宜、分类指导、精准扶贫"的重要指示，《关于打赢脱贫攻坚战的决定》中强调把精准扶贫、精准脱贫作为基本方略。中国共产党第十八次全国代表大会提出全面建成小康社会的目标，中国扶贫开发到了攻坚拔寨的冲刺期，精准扶贫正是打赢脱贫攻坚战的有效保障。改革开放以来，经过救济式扶贫与开发式扶贫后，中国扶贫开发已进入更加艰巨的"啃硬骨头"阶段，其特点主要是：1. 目标瞄准偏离。虽然我国的扶贫对象目标瞄准方式由扶贫县转为扶贫村，但由于种种原因，对贫困村的调查仍不够全面，仍然有贫困村未能被识别。2. 项目安排偏离。在全国大力推行劳动力转移培训、整村推进与产业扶贫三项重大扶贫措施时，一些贫困户由于缺乏与项目对接的资源进而产生非贫困户对贫困户的资源挤出效应，拉大了贫困户与非贫困户之间的差距。3. 扶贫资金总量投入不足。国家对扶贫项目的资金投入绝对数额巨大，但我国实际的扶贫需求超过了国家投入，且有很大差距。4. 人口致贫原因多样，难以完全"对症下药"，导致二次返贫现象的出现。因此创新扶贫机制、实施精准扶贫的需求更加迫切。精准扶贫思想是习近平新时代中国特色社会主义思想重要组成部分。创新作为精准扶贫思想的理论底色，它强调的是在总结中国扶贫开发长期历史经验的基础上，发现一条统筹扶贫、精准扶贫、"造血"扶贫、生态扶贫的新路子。而精准扶贫思想的核心要义是精准。2015 年 6 月，习近平总书记在贵州召开的座谈会上对加速推进扶贫工作进展提出了"六个精准"即"扶贫对象精准、项目安排精准、资金使用精准、措施到户精准、因村派人精准、脱贫成效精准"的基本要求与实施"发展生产脱贫一批、异地搬迁脱贫一批、生态补偿脱贫一批、发展教育脱贫一批、社会保障兜底一批"的"五个一批"工程。

过去八年，中央、省、市县财政投入专项扶贫资金累计近 1.6 万亿元，金融精准扶贫贷款发放 9.2 万亿元，东部省区政府财政援助、社会帮扶及企业投资扶贫协作地区 1.1 万亿元；全国累计选派 25.5 万个扶贫驻村工作队，300 多万名第一书记和驻村干部，其中有 1800 多名干部群众牺牲在脱贫攻坚岗位上。[①] 中国共产党和中国政府以倾国之力的投入和牺牲换来了举世瞩目的成就：现行标准下 832 个贫困县全部摘帽，12.8 万个贫困村全部出列，9899 万农村贫困人口全部脱贫。2021 年是我党成立的 100 周年，在这一重要时刻我国脱贫攻坚战又取得了全面胜利，完成了消除绝对贫困的艰巨任

① 习近平：《在全国脱贫攻坚总结表彰大会上的讲话》。

务，有效解决了近 7 亿贫困人口的脱贫任务，为实现全面建成小康社会目标任务做出了关键性贡献，同时也创造了减贫治理的中国样本，为全球减贫事业做出了重大贡献，走出了一条中国特色减贫道路，形成了中国特色反贫困理论。

6. 全面推进乡村振兴阶段（2021 年至今）

2017 年 10 月 18 日，习近平总书记在中国共产党第十九次全国代表大会报告中提出乡村振兴战略，指出："农业农村农民问题是关系国计民生的根本性问题，必须始终把解决好"三农"问题作为全党工作的重中之重，实施乡村振兴战略。"

2017 年，中央经济工作会议和中央农村工作会议进一步明确了总体思路与具体途径，为做好当前和今后一个时期"三农"工作指明了方向。2018 年 3 月 5 日，国务院总理李克强做了《政府工作报告》，其中强调了大力实施乡村振兴战略。2018 年 5 月 31 日，中共中央政治局在会议上审议《国家乡村振兴战略规划（2018—2022 年）》并于同年 9 月印发了《乡村振兴战略规划（2018—2022 年）》。国家发出通知要求各地区各部门结合实际认真贯彻落实。2019 年 10 月 31 日，中共第十九届中央委员会第四次全体会议表决通过的《中国共产党第十九届中央委员会第四次全体会议公报》中指出："坚决打赢脱贫攻坚战，建立解决相对贫困的长效机制。"2020 年，我党召开了十九届五中全会，会议明确指出扶贫之路长效持续的方向："优先发展农业农村，全面推进乡村振兴。"2021 年 2 月 21 日，21 世纪以来第 18 个指导"三农"工作的文件——《中共中央国务院关于全面推进乡村振兴　加快农业农村现代化的意见》发布，其重点强调了"实现巩固拓展脱贫攻坚成果同乡村振兴有效衔接"，并提出在五年的过渡期内逐步实现由集中资源支持脱贫攻坚向全面推进乡村振兴平稳过渡。为做好乡村振兴这篇大文章，2 月 25 日，国务院直属机构国家乡村振兴局正式挂牌。次年 3 月，中共中央、国务院在《关于实现巩固拓展脱贫攻坚成果同乡村振兴有效衔接的意见》中明确指出重点工作。2021 年 4 月 29 日，十三届全国人大常委会第二十八次会议表决通过《中华人民共和国乡村振兴促进法》，加快农业农村现代化。同年 5 月，司法部印发了《"乡村振兴法治同行"活动方案》。

为全面实施乡村振兴战略，促进农业升级、农村进步、农民发展，加快农业农村现代化脚步，全面建设社会主义现代化国家，国家制定了《中华人民共和国乡村振兴促进法》（以下简称《乡村振兴促进法》）。《乡村振兴促进法》的主要特色：坚持走中国特色社会主义乡村振兴道路、坚持乡村全面振兴、坚持农民的主体地位。实施乡村振兴战略是新时代做好"三农"工作总抓手的必然要求。《乡村振兴促进法》的制定是贯彻落实党中央决策部署的重要一环，也是推动建立农村治理体系和提升治理能力现代化的强大保证。

我国政府对实施乡村振兴的决心与信心体现在国家对项目的巨大投入力度上。2021 年印发的《中央财政衔接推进乡村振兴补助资金管理办法》对中央财政衔接推进乡村振兴补助资金做出全面规定。脱贫攻坚取得的胜利来之不易，为巩固取得的脱贫成果，国家将原中央财政专项扶贫资金调整优化为衔接资金，实现脱贫攻坚成果同乡村振兴有效衔接。中央财政 2021 年预算安排衔接资金 1561 亿元，比上年增加 100 亿元。《衔接资金管理办法》在资金用途上做出了一系列规定，同时也明确指出了衔接资金不得用于与巩固拓展脱贫攻坚成果和推进欠发达地区乡村振兴无关的支出。

2021 年 7 月，国家发改委 2021 年专门安排 5 亿元中央预算内投资，撬动地方财政资金、社会资金等 4.1 亿元，在 2020 年相关试点工作的基础上，选择 22 个省份 62 个已脱贫摘帽县，开展以工代赈，巩固脱贫攻坚成果衔接乡村振兴试点示范工作。

表 1-3 总结列示了改革开放以来，我国艰苦卓绝、波澜壮阔的扶贫历程。

表 1-3　中国扶贫历程

阶段	时间	代表性事件	主要内容
区域性救济式扶贫阶段	1978 年	家庭联产承包责任制推行	农民以家庭为单位，向集体经济组织承包土地等生产资料和生产任务。改变了我国旧有的经营管理体制，解放了农村生产力
	1980 年	设立支援经济不发达地区发展专项资金	解决革命老区、少数民族地区、边远地区、贫困地区的温饱问题和经济发展问题
	1982 年	启动"三西"扶贫计划	国家出资在相应地区进行农业建设，属于救济式扶贫
	1984 年	发布《关于帮助贫困地区尽快改变面貌的通知》	提出开发式扶贫的思路
政府主导型大规模开发式扶贫阶段	1986 年	成立国务院贫困地区经济开发领导小组	其一项重要职能为瞄准扶贫对象，为我国有计划大规模开发式扶贫奠定了组织基础
"八七扶贫攻坚"阶段	1994 年	《八七扶贫攻坚计划》	力争用七年左右的时间基本解决全国农村 8000 万贫困人口的温饱问题

续表

阶段	时间	代表性事件	主要内容
全面建设小康社会时期的扶贫开发阶段	2001 年	《中国农村扶贫开发纲要（2001—2010 年）》	提出新的扶贫目标；扶贫重心由贫困县转向贫困村，实施整村推进计划
	2011 年	《中国农村扶贫开发纲要（2011—2012）》	我国扶贫开发已经从以解决温饱为主要任务的阶段转入巩固温饱成果
建成小康社会进程中的精准扶贫阶段	2013 年 11 月	习近平总书记湖南考察	习总书记针对我国扶贫工作方式需要转变的状况，首次提出了精准扶贫的重要理念
	2013 年 12 月	《关于创新机制扎实 推进农村扶贫开发工作的意见》	提出应加大扶持力度，集中力量解决突出问题，加快贫困群众脱贫致富、贫困地区全面建成小康社会步伐
	2017 年 10 月	中国共产党第十九次代表大会	提出"必须始终把解决好'三农'问题作为全党工作的重中之重，实施乡村振兴战略"
	2018 年 9 月	印发了《乡村振兴战略规划（2018—2022 年）》	阐述了从 2018 年到 2022 年，是实施乡村振兴战略的第一个五年，既有难得机遇，又面临严峻挑战
	2019 年 10 月	《中国共产党第十九届中央委员会第四次全体会议公报》	指出"坚决打赢脱贫攻坚战，建立解决相对贫困的长效机制"
	2020 年	中国共产党第十九届五中全会	指出了扶贫之路长效持续的方向："优先发展农业农村，全面推进乡村振兴"
全面推进乡村振兴阶段	2021 年 2 月	《中共中央国务院关于全面推进乡村振兴加快农业农村现代化的意见》	强调"实现巩固拓展脱贫攻坚成果同乡村振兴有效衔接"
	2021 年 3 月	《关于实现巩固拓展脱贫攻坚成果同乡村振兴有效衔接的意见》	指出"从集中资源支持脱贫攻坚转向巩固拓展脱贫攻坚成果和全面推进乡村振兴"

三、我国上市公司法律风险的现状分析

随着依法治国战略的不断推进与完善，以法律法规为基础的司法干预机制对企业的影响力越来越大，市场法治化的持续推进将净化企业的竞争环境，加强投资者保护。在这样的宏观背景下，企业日常经营中违法违规违约事件被"私了"的情况大幅减少：以往许多私下解决的经济纠纷转而诉诸法律，诉讼案件日益增多；各类监管机构的执法力度和效率不断提升，企业面临的违规处罚不断增加。

据统计，2009 年至 2020 年十年间披露诉讼公告的 A 股上市公司多达 2245 家，上市公司涉诉总额从 2009 年的 404.3 亿元激增到了 2020 年的 9760 亿元，诉讼事项已成为公司不可忽视的风险因素。2009—2020 年中国主板 A 股上市公司中涉及诉讼案件的企业数量和比例如图 1-1 所示，我国涉及诉讼纠纷的上市公司整体呈现逐年递增的趋势，反映出企业通过法律途径解决纠纷的常态化，也凸显出经济日益发达的背景下，企业经营违法违约的行为显著增加。

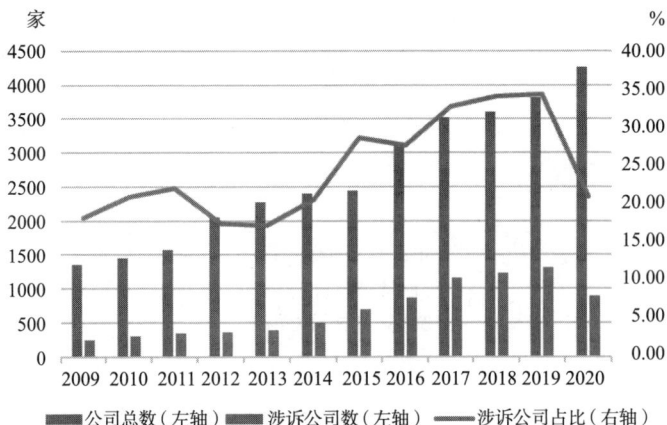

图 1-1 2009—2020 年中国主板 A 股上市公司中涉及诉讼案件的企业数量和比例

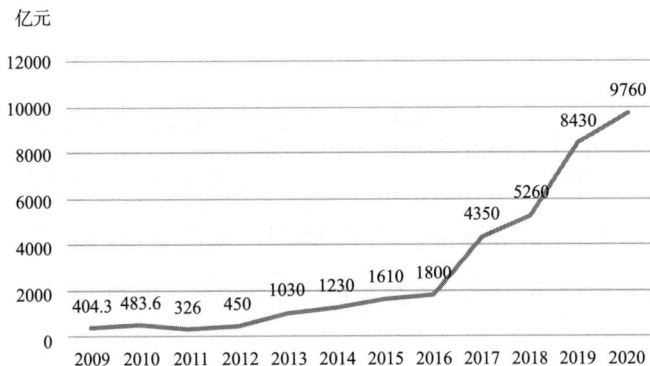

图 1-2 2009—2020 年中国主板 A 股上市公司涉诉总金额

2009—2020 年中国主板 A 股上市公司涉诉总金额的变化趋势如图 1-2 所示。伴随着涉诉企业的数量增长，我国上市公司涉诉的金额增加十分明显；虽然涉诉企业数量和占比还有所起伏，但涉诉金额可谓一路猛增，2009—2012 年之间尚且在百亿级别缓缓上涨，自2013 年起，企业涉诉金额迅速达到千亿级，并从 2016 年起开始急剧增加。无论是涉诉企业的数量还是涉案金额总数，都显示出我国资本市场发展进程中，企业法律风险成为绝对不可忽视的风险因素，关乎企业乃至整个资本市场的健康发展，必须慎重对待考量。

四、我国上市公司履行扶贫社会责任的现状分析

自党的十八大以来，脱贫攻坚成为我国全面建成小康社会的底线任务和标志性指标，单纯通过慈善捐赠等间接方式参与扶贫不仅会增加企业负担，而且不利于企业长期可持续性地参与扶贫。国有

企业更有动机与责任主动承担扶贫社会责任,同时脱贫攻坚给民营企业助力精准扶贫提出了新的更高的要求,国务院也出台了一系列鼓励民营企业参与脱贫攻坚的政策文件,希望构建起民营企业助力精准扶贫的直接参与模式。例如,2014年发布的《国务院办公厅关于进一步动员社会各方面力量参与扶贫开发的意见》强调鼓励民企积极承担社会责任,参与扶贫开发,也通过资源激励(税收优惠等)带动民企投身精准扶贫。

2016年,中国证监会发布了《关于发挥资本市场作用 服务国家脱贫攻坚战略的意见》,鼓励上市公司积极参与精准扶贫;同年,沪深交易所分别发布相关指导意见,要求上市公司在年报中披露精准扶贫相关信息,包括扶贫管理、扶贫投入、扶贫成效等情况。如表1-4所示,企业参与扶贫模式多样,包含产业发展脱贫、转移就业与易地搬迁脱贫、教育脱贫、健康及生态保护扶贫等。

表1-4 企业参与扶贫模式

年度	2016	2017	2018	2019	2020
扶贫总投入企业数量	653	956	1233	1324	1513
产业发展脱贫投入企业数量	300	437	576	625	689
教育脱贫投入企业数量	331	474	610	629	632
转移就业与易地搬迁投入企业数量	141	224	284	295	305
健康与生态保护投入企业数量	135	200	292	282	316
兜底保障与社会扶贫投入企业数量	324	464	563	644	733

2016年9月,中国证监会发布了《中国证监会关于发挥资本市场作用服务国家脱贫攻坚战略的意见》,支持和鼓励上市公司履行扶

贫社会责任。自 2016 年起，我国上市公司开始配合政府参与扶贫，企业扶贫形成一定规模。如图 1-3 统计，参与扶贫工作的上市公司数量逐年增加，扶贫总投入也呈现迅速上升趋势；具有后续扶贫计划的上市公司数量也逐年增加，越来越多的上市公司不再视扶贫为临时性或者一次性项目，而是作为一项持续性项目推进。

企业扶贫投入趋势

	2016	2017	2018	2019	2020
扶贫投入金额（亿元）	138.5	517.96	839.56	890.05	1100.00
已参与扶贫的公司数量	653	956	1233	1324	1513
有后续扶贫计划的公司数量	571	841	1059	1145	1233

图 1-3　2016—2020 年上市公司参与扶贫情况

大批不同规模、不同行业、不同所有制性质的企业，创新、高效地参与扶贫开发，将参与扶贫开发与企业核心资源要素、贫困地区发展需求三者相结合，涌现出大量的扶贫创新模式。

首先，多元主体广泛参与。企业参与扶贫开发是中国政府精准扶贫不可或缺的、有益的补充。在中国脱贫攻坚战场上，国有企业肩负起了脱贫攻坚的历史责任，成为扶贫"主力军"，参与扶贫领域点多面广。以国务院国资委直管的中央企业为例，97 家中央企业承担了 42% 的国家贫困县帮扶工作，2016 年以来，央企累计投入帮扶资金超 960 亿元，派出各类扶贫干部 1 万余名。民营企业是扶贫的"生力军"，从"光彩事业"到"万企帮万村"，都充分发挥市场机制灵活、技术人才等方面优势，构建了民企精准扶贫的创新模式。截至 2020 年 6 月底，约 11 万家民企参与"万企帮万村"扶贫行动，精准帮扶超 12 万个村，共带动和惠及 1500 多万建档立卡贫困人口。外资企业也积极响应中国政府脱贫攻坚号召，是中国扶贫的重要补充。根据中国扶贫基金会资料，他们与外资企业合作的扶贫项目惠及 100 多个县，近 70 万人次。

其次，多个领域全面开花。在面对"怎么扶"问题上，企业瞄准贫困地区的需求、贫困人口的致贫原因，因地制宜，在多个领域实施多样化的扶贫手段和方式，涵盖产业扶贫、教育扶贫、就业扶贫、健康扶贫、消费扶贫等扶贫领域，为打通脱贫"最后一公里"开出了破题药方。以中央企业为例，2016 年以来援建产业扶贫项目超 8000 个，帮助 10 多万贫困劳动力实现转移就业；搭建中央企业消费扶贫电商平台，解决农产品"卖难"问题，帮助销售 30 多亿元；同时，通过援建学校、医院等解决民生问题。

最后，多种经验不断沉淀。企业自开展精准扶贫工作以来，发挥独特的优势和资源，因地制宜，把"精准扶贫"与当地特色、企业优势结合起来，积累了不少卓有成效的扶贫经验。例如，企业通过产业扶贫模式介入，将企业的优势资源与贫困地区的需求对接，在激活贫困地区内生发展动力的同时，也为企业的业务拓展提供了新的发展机遇，实现了企业、贫困地区和政府多赢。

本章小结

本章首先回顾总结了我国"依法治国"的发展历程，能够清晰地感受我国社会主义法治国家的发展历程，深刻领悟我国社会主义市场经济法律制度对我国经济市场，尤其是资本市场发展的重要意义；其次，本章回顾总结了建国以来我国扶贫战略的演化，从最初的"解决温饱"到如今的"乡村振兴"，中国共产党带领全国人民战胜了绝对贫困，朝着高质量发展不断迈进；最后，本章通过描述性统计分析了我国上市公司当下面临的法律风险情况，也分析总结了我国上市公司积极履行扶贫社会责任的参与情况以及投入情况。

第二章

研究综述

一、政企纽带的研究综述

我国的市场经济尚处于转型期，经济分权与政治集权并存，虽然我国经济领域的分权式改革对经济转型起到了积极作用（王守坤、任保平，2009），但政府在国民经济中仍然掌握了较多的政治权力和经济权力，因此大多数稀缺资源的配置权受到各级政府的掌控，这也导致政府可能利用手中资源对关系密切企业提供保护（侯青川、靳庆鲁、陈明端，2015）。在此背景下，许多企业积极争取与政府建立密切的联系，形成政企纽带并据此获得所需要的资源，这种政企纽带的建立与政府腐败之间有本质区别，它是一种合法行为。已有丰富的文献探究了政企纽带的形成方式及其经济后果。

政企纽带是企业与政府建立的联系，广义上是一种社会网络。有文献指出政企纽带也是企业有价值的无形资产之一，因此企业有必要采取措施以建立或维护与政府的政企纽带关系，获得政府支持进而扩大或改变企业的资源边界。企业与政府之间的纽带，可能是先天的产权性质，国有企业自带"政企纽带"，中央政府或者地方政府作为实际控制人，与所控股的企业有密不可分的纽带关系；同时政企纽带也可能是企业后天寻求机会去建立的社会关系，即企业通过某些政治活动，花费时间和金钱建立与政府的联系，通过这种联系来更好地接近政府资源，比如民营企业家参政议政、民营上市公司请前任政府官员进入董事会等都是建立政企纽带的方式（潘红波、夏新平、余明桂，2008；罗党论、唐清泉，2009；杨其静，2011；李维安、王鹏程、徐业坤，2015；张新民等，2019）。此外，还有研究发现民营企业通过主动承担高代理成本的社会责任（如慈善捐赠）的方式来建立政企纽带，从而获得政治资本（贾明、张喆，2010；梁建、陈爽英、盖庆恩，2010；张敏、马黎珺、张雯，2013）。企业的慈善捐赠由于承担较低的法律风险，符合公众价值观并且能够为企业带来良好声誉，因此成为企业与政府建立联系的上好选择。

建立政企纽带能给企业带来的政治资本不言而喻。最直接的收益是获得政府补贴（Johnson，Mitton，2003；Faccio，Masulis，Mcconnell，2006），也能够缓解企业的融资约束——具有政企纽带的民营企业在进行外部融资活动时受到的融资约束更少（罗党论、甄丽明，2008；Li等，2008；Chan，Dang，Yan，2012），获得更多的银行贷款或是更长的贷款期限以扩大投资规模进而促进企业成长（Fan，Rui，Zhao，2008；余明桂、潘红波，2008；Halford，Li，2019；严若森、姜潇，2019），争取更低的税率或是更容易获得相关政府部门的税收优惠政策认定与审批（Faccio，2006；Adhikari，

Derashid，Zhang，2006；吴文锋、吴冲锋、茵萌，2009；Lin等，2018）。此外，还有一些学者针对国内市场存在的地区分割问题进行研究，其认为建立了政企纽带的企业更可能实现跨省投资，当企业跨省投资行为受到地方政府的约束限制时，具有政企纽带关系会帮助企业突破这些限制。（夏立军、陆铭、余为政，2011）政企纽带也更有助于企业进入高壁垒行业，即政治资源拥有量能够帮助企业进入管制行业实现多元化（胡旭阳、史晋川，2008；罗党论、唐清泉，2009）、推动企业的并购绩效，尤其是成长期企业的非关联并购与横向并购（Niessen，Ruenzi，2010；邓可斌、李洁妮，2018），并且存在政治关联还加大了中国企业进入出口市场可能性，并对其出口绩效有显著的正向影响（Sharma，Cheng，Leung，2020）。

但也有研究发现了政企纽带的消极影响。例如，Chaney，Faccio，Parsley（2011）指出政治关联的企业会计信息质量更差，由于他们面对的市场压力更小，因此提供高质量信息的需求越少；Ramanna，Roychowdhury（2010）通过以美国2004年大选期间与国会候选人有联系的外包公司为样本，研究发现存在政治关联的企业更倾向于进行向上的盈余操纵；还有研究指出政治关联不利于资源的分配或者降低了资源配置效率（张敏等，2010；Schoenherr，2018）。此外，监管者有可能放松对存在政治关联企业的监管力度（Berkman，Cole，Fu，2010；Lin等，2018），政企纽带还可能由于引发道德风险问题而削弱投资者法律保护的执法效率，高管腐败就是其中极端的表现形式之一（陈信元等，2009；许年行等，2013）。

有关政企纽带的建立形式及其产生影响的研究汇总见表2-1：

表 2-1　政企纽带的相关研究文献汇总表

研究内容	代表性文献
政企纽带的建立形式	潘红波、夏新平、余明桂（2008）；罗党论、唐清泉（2009）；杨其静（2011）；李维安、王鹏程、徐业坤（2015）；张新民等（2019）；贾明、张喆（2010）；梁建、陈爽英、盖庆恩（2010）；张敏、马黎珺、张雯（2013）
政企纽带产生的影响	Johnson，Mitton（2003）；Faccio，Masulis，Mcconnell（2006）；Faccio（2006）；罗党论、甄丽明（2008）；Li 等（2008）；Chan，Dang，Yan（2012）；Fan，Rui，Zhao（2008）；余明桂、潘红波（2008）；Halford，Li（2019）；严若森、姜潇，（2019）；Adhikari，Derashid，Zhang（2006）；吴文锋、吴冲锋、芮萌（2009）；夏立军、陆铭、余为政（2011）；胡旭阳、史晋川（2008）；罗党论、唐清泉（2009）；Niessen，Ruenzi（2010）；邓可斌、李洁妮（2018）；Sharma，Cheng，Leung（2020）；Chaney，Faccio，Parsley（2011）；Ramanna，Roychowdhury（2010）；张敏等（2010）；Schoenherr（2018）；Berkman，Cole，Fu（2010）；陈信元等（2009）；许年行等（2013）

二、企业扶贫的研究综述

扶贫相关的学术研究尚处于起步阶段，形成的研究成果较少。初期的研究主要是理论层面的分析，例如张桂强（2015）的研究指出企业参与扶贫是政府扶贫的有益补充，企业拥有包括人才、资金、项目等丰富资源，能够为贫困地区提供很多机会并将在扶贫工作中担任越来越重要的角色，政府应该通过向社会购买公共服务扶贫来提高扶贫效果。辜胜阻等（2016）对脱贫攻坚的对策展开探讨，认为我国应加大对扶贫工作的财政投入，将产业扶贫与金融扶贫结合打造扶贫开发模式，推动科教扶贫以促进可持续发展，提升扶贫工作精准性,加速构建社会各方互为支撑的"大扶贫"格局。郑瑞强、王英(2016)对精准扶贫的政策进行初步探索研究,指出扶贫实施过程中存在的问题并提出精准扶贫政策未来的走向。刘明慧、侯雅楠(2017)分析了财政精准扶贫的内在逻辑与保障架构。其认为减贫需求与财政制度供给间存在内在逻辑关系,由此决定了财政手段在减贫工作中的重要作用,并且提升治理能力需要将减贫对象精细化、减贫主题行为规范化以及正确选择减贫路径。2013年年底,习近平总书记首次做出"实事求是、因地制宜、分类指导、精准扶贫"的重要指示,2015年11月29日,中共中央、国务院发布了《中共中央、国务院关于打赢扶贫攻坚战的决定》(以下简称《决定》),正式提出了"实施精准扶贫方略,加快贫困人口精准脱贫",全国范围的精准扶贫拉开帷幕;2016年3月15日,第十二届全国人大第四次会议通过的《中华人民共和国国民经济和社会发展第十三个五年规划纲要》(以下简称《纲要》)对精准扶贫进行了全局规划。反贫困是政府的基本职能之一。纵观全世界,政府在扶贫除贫工作中的主体地位毋庸置疑,政府在扶贫工作中的投入确实产生了显著效应[①]。我国政府利用制度优势与资源整合能力,调动全社会力量投入减贫事业之中,走出了中国特色的社会主义扶贫路径,取得了巨大成效,说明我们应该坚持政府在扶贫道路上的主体地位(Montalvo, Ravallion, 2010;宫留记,2016;李芳华,张阳阳,郑新业,2020),而且中国的贫困治理纳入了国家治理战略目标,采取政府专项治理的方法,在国家制度优势下,运用各级财政储备来进行对口支援(燕继荣,2020;王雨磊、苏杨,2020),显得更加独一无二。

政府在扶贫工作中的领导地位是不可撼动的,其在解决大面积、集中性贫困问题方面起主要作用。但随着我国扶贫事业的推进，政府存在的体制弊端也逐渐显露。企业作为市场的主要参与者，在精准扶贫时期处于"助攻位"，即遵循政府的指引和规定发挥市场效能，在自身发展过程中承担扶贫的社会责任。《决定》明确指出"引导中央企业、民营企业分别设立贫困地区产业投资基金，采取市场化运作方式"，"强化以企业合作为载体的扶贫协作"；《纲要》也提出"鼓励支持民营企业、社会组织、个人参与扶贫开发，引导社会扶贫重心下移，实现社会帮扶资源和精准扶贫有效对接"；2016 年，中国证券监督管理委员会公告跟进发布《中国证监会关于发挥资本市场作用服务国家脱贫攻坚战略的意见》，为上市公司参与"精准扶贫"指出具体方向："鼓励上市公司支持贫困地区的产业发展，支持上市公司对贫困地区的企业开展并购重组。""鼓励上市公司、证券公司等市场主体设立或参与市场化运作的贫困地区产业投资基金和扶贫公益基金"。

市场化扶贫具有精确性和效率高等优势，能够弥补政府扶贫模式下出现的问题。我国密集出台的一系列政策成为开展市场化扶贫的制度基础，企业主要是作为政策的跟随者参与扶贫工作，例如民营企业初期主要是在政府补贴、融资便利、税收优惠等政府政策引导下开展扶贫工作，通过参与"万企帮万村"等活动拉近与政府间距离，进而获得未来发展优势（王帆、陶媛婷、倪娟，2020）。随着"精准扶贫"政策更深、更广的拓展，企业在参与扶贫过程中逐渐与其自身战略布局相融合：在地区扶贫政策的支持下，扶贫企业获得了配套设施、技术改造等方面的支持；缓解了在价值创造过程中的生产率约束，对生产经营产生积极影响；促进了企业绩效水平提升

（田宇等，2019），初步建立了互利共赢的扶贫模式，尤其是企业结合自身产业，在自然资源丰富且开发成本相对较低的贫困地区前瞻性地加大产业精准扶贫，更可以提升企业绩效转换效果。通过与当地情况结合建立的特色产业，不仅是企业积极参与扶贫事业的表现，也推动了企业自身的发展。（张玉明、邢超，2019）。随着政策的推行，开始形成了基于实证分析的研究，朱威（2016）分析了民营企业参与扶贫开发的不利条件，包括我国贫困地区基础设施建设不发达、扶贫政策具体落实情况不理想、政府管理服务职能不完善以及对企业组织动员不足，针对这些问题也给出了相应的解决办法，陈志、丁士军、吴海涛（2017）基于案例客观分析了扶贫的效果，杜世风、石恒贵、张依群（2019）基于社会责任的视角研究了上市公司精准扶贫行为的影响因素，研究发现：业绩、规模及产权性质是影响企业参与精准扶贫的重要因素。业绩越好的企业利润越多，越能为扶贫工作的开展提供资金；规模越大的公司越强调企业社会责任的履行，越可能开展精准扶贫；国有企业由于政治压力等因素也会对精准扶贫进行较大投入。

总之，目前有关企业参与扶贫的动机、机制及效果等相关研究尚处于摸索阶段，尤其自 2020 年起要转入扶贫长效机制，企业扶贫相关的研究更是一片空白，亟待发掘。

三、企业法律风险的研究综述

（一）法律风险影响因素的研究

近些年来，随着国家依法治国政策以及市场化改革的推进，我国上市公司涉诉日渐频繁。诉讼作为解决纠纷的一种方式，具有成本高的特点，所形成的诉讼风险也很可能造成负面的经济效应。诉讼风险正在逐步成为影响企业生存发展的重要外部因素之一，因此企业经常将诉讼作为解决问题的次优方案。到底是哪些因素引发了诉讼，增加了公司的诉讼风险？国内外的相关研究从宏观和微观两个层面对诉讼风险的影响因素进行了探究。

1. 宏观因素

宏观的经济发展会对公司的诉讼风险产生影响，Clemenz，Gugler（2000）的研究以奥地利过去 40 年的民事诉讼为研究样本，发现长期来看，宏观经济的发展显著地增加了民事诉讼活动发生的概率。在我国，随着国民经济的迅速发展，市场交易的频繁发生与契约关系的建立使得经济纠纷问题更加突出，司法的介入使得资本市场逐步规范，市场化程度是资本市场成熟度的一个体现，这一宏观因素也会影响公司的诉讼风险，上市公司所在地区的市场化程度越高，其遭受诉讼的可能性越大，表明在市场化进程中，人们对于合理性与合法性的要求使得法律介入程度越来越高。随着经济社会的发展与制度法规的完善，企业面临的诉讼呈现上升趋势（王彦超、林斌、辛清泉，2008）。

上市公司所处行业的不同使得它们面临的诉讼风险有显著的区

别，Francis，Philbrick，Schipper（1994）最先提出生物技术行业、计算机行业、电子行业和零售行业比其他行业的企业面临更高的诉讼风险；Jones，Weingram（1996）的研究则认为较之其他行业，高科技企业和金融类企业的诉讼风险更高。诉讼与行业相关联是合理的，因为股票波动与股票周转直接影响诉讼风险。例如，高科技股本质上更不确定，而且有更多可变收益，波动性更大，因此其伴随的诉讼风险也会越高（Kim，Skinner，2012）。

此外，会计准则的不同也会对公司的诉讼风险产生影响。西方学术界关注不同导向型的会计准则对公司的诉讼风险的影响是否有所区别；Donelson，McInnis，Mergenthaler（2012）指出，以 GAAP 为代表的规则导向型会计准则降低了企业发生诉讼的概率，但是不影响诉讼的结果。

2. 微观因素

更多的研究则关注公司层面的行为或特征如何影响其诉讼风险。

公司信息披露对企业诉讼风险的影响是众多研究的关注点。公司对其内部盈余信息披露的选择性、及时性、可读性等特征，都会影响其诉讼风险。越及时的信息披露越能降低公司的诉讼成本，尤其是对于公司的坏消息，越早地释放出坏消息越能降低其诉讼风险（Skinner，1997；Donelson，Mcinnis，Mergenthaler，2012）；Field，Lowry，Shu（2005）做了更进一步的探究，他们使用联立方程组进行检验，发现具有较高诉讼风险的公司更容易提前披露潜在的诉讼；反过来，越早地披露越能降低诉讼风险。而对于披露信息时的语气，若在业绩报告中使用了过多乐观陈述的公司更容易被起诉，诉讼风险更高，尤其是当其还涉及内幕交易的情况下（Rogers，Buskirk，

Zechman，2011）。在披露策略上，高诉讼风险的公司倾向于披露更多的警示语言，每年更新更多的信息，并使用更多的可读语言，公司试图通过这样的披露手段去控制其诉讼风险（Nelson，Pritchard，2007）；而那些披露过去和未来事件信息较少的公司，以及较少披露数字数据的公司确实更可能被起诉（Mohan，2007）。

公司的盈余管理行为也会影响其诉讼风险。在股票首次公开发行前进行向上的盈余管理行为使得公司更容易被诉讼（DuCharme，Malatesta，Sefcik，2004）；Gong，Louis，Sun（2008）则发现上市公司并购前的异常应计利润与并购后公告的诉讼之间存在正相关关系。

国内的研究还分析了公司的股权结构对诉讼风险的影响。周美华、曹健、左锐（2015）的研究发现股权集中度与公司诉讼风险负相关，股权结构作为内部治理机制有助于降低公司的被诉讼概率；结合中国上市公司特有的产权性质，该研究还发现公司的政治层级越高，其被诉风险越低，高层级的国有企业经理层可能由于考虑政治仕途升迁问题而避免企业陷入较大诉讼事件之中。而针对公司的大股东，有研究显示大股东占用上市公司资金比例越高，越容易引起债权人诉讼，特别是在债权人对公司控制力较弱时，这一关系更加密切。大股东确实具有侵害企业利益的动机，其对上市公司的掏空行为严重伤害了公司中小股东及债权人利益。当大股东的资金占用比例持续增加时，股东与债权人之间的代理问题更加严重（王彦超、姜国华，2016）。

此外，一些其他因素也对公司的诉讼风险有所影响。邓路、刘瑞琪、佟岩（2017）研究发现公司的超额银行借款与其诉讼风险有显著的正向关系：公司的超额银行贷款越多，超过了自身需求资金后就越可能出现过度投资行为，导致企业面临的诉讼风险增加；上市公司的对外担保也会对其诉讼风险产生显著影响，关联担保一方面可以帮助企业增大融资规模，弥补投资不足情况，另一方面也可能导致信用过度问题，引发风险失控。研究表明：当上市公司为其下属公司或者子公司提供的关联担保比例较高时，容易发生债务诉讼，上市公司将因为连带责任而面临较高的诉讼风险，下属公司或子公司的债务风险向上转移给了上市公司（王彦超、陈思琪，2017）。

表 2-2 对以上诉讼风险影响因素的研究文献进行了简要汇总。

表 2-2　诉讼风险的影响因素研究文献汇总表

	影响因素	代表性文献
宏观因素	宏观经济条件	Clemenz, Gugler（2000）
	市场化程度	王彦超、林斌、辛清泉（2008）
	公司所处行业	Francis, Philbrick, Schipper（1994）；Jones, Weingram（1996）；Kim, Skinner（2012）
	会计准则	Donelson, McInnis, Mergenthaler（2012）
微观因素	公司信息披露	Skinner（1997）；Donelson, Mcinnis, Mergenthaler, 2012；Field, Lowry, Shu（2005）；Rogers, Buskirk, Zechman（2011）；Nelson, Pritchard（2007）；Mohan, 2007
	公司盈余管理	DuCharme, Malatesta, Sefcik（2004）；Gong, Louis, Sun（2008）
	公司股权结构	周美华、曹健、左锐（2015）；王彦超、姜国华（2016）
	其他因素	邓路、刘瑞琪、佟岩（2017）；王彦超、陈思琪（2017）

（二）法律风险的经济后果研究

1.法律诉讼的市场反应

上市公司公开披露的信息是投资者获取公司信息的基本渠道。上市公司涉诉会对其产生影响，尤其是大金额、高频率涉诉，更可能对公司的财务状况和日常经营造成重大影响。因此，当投资者获知上市公司所涉及的诉讼事项时，会重新评估该上市公司的投资价值，根据公告所披露的信息进行判断和决策，从而使得诉讼公告的发布产生一定的市场反应。国内研究较少涉及，资本市场较为发达的国家相关研究较为深入。

Engelmann，Cornell（1988）的研究基于五起诉讼案例，结果发现当涉及诉讼案件时，涉诉公司整体显示出财富流失；Cutler，Summers（1988）基于德士古集团和壳牌集团长达四年的诉讼纠纷这一经典案例，发现诉讼导致了企业的价值流失并且此次纠纷可能直接导致德士古企业的运营中断；这两项研究虽然基于不同的案例样本，但是均得出了企业的诉讼事项对其市场价值有负面影响的结论。Bhagat，Bizjak，Coles（1998）做了更为详细、深入的探究，他们收集了一组较大的涉及法律诉讼的样本，样本至少作为诉讼的一方（原告方或被告方）涉诉；研究发现被告方的市场价值平均流失了0.97%，并且提起诉讼的一方无论是政府机构、其他公司还是私人组织，被告方在涉诉后均有显著的财富流失，但是程度有所区分：当原告方是政府机构时，被告的市场价值流失最大（1.73%）；原告是其他公司时，流失0.75%；原告是私人组织时，流失0.81%。这一研究同样证明了诉讼事项对被告方企业市场价值的消极影响，同时还区分研究了不同原告主体的诉讼案件对其被告单位负面经济影响的不同程度。此外，该研究还发现涉诉的原告方的市场价值没有显著变化。Bhagat，Romano（2002）的研究也有类似结论，即涉诉的被告方面临显著的负向市场反应，但是原告方的市场价值并没有因诉讼而增加。然而，诉讼案件对原告方是否有经济影响的结论是有分歧的，例如 Bizjak，Cole（1995）以"反垄断诉讼"为对象的研究就发现原告方的市场反应是显著为正的，被告方在提起诉讼后遭受的财富损失比原告方高出约一千万美元；而有更新的研究以中国上市公司为研究样本，发现诉讼公告能够降低涉诉的原告方和被告方的股票价格，并且被告方的股票回报率下降更为显著（Firth，Oliver M.，Wu，2011），进一步研究发现陷入财务困境的被告股票回报率更低，并且在司法程序中有政治关系的被告有更高的股票回报。这一研究说明诉讼事项对于诉讼双方也是经济利益的负和博弈。

国内也有对诉讼事项市场反应的相关研究，并且进一步植入了中国特色的制度背景。以我国上市公司为样本，发现重大诉讼公告的窗口期，涉诉公司有显著负向的市场反应，并且民商案件作为请求权基础的法律不完备性对上市公司重大诉讼公告的市场反应会产生更大影响（徐玮，2011）；Firth，Oliver M.，Wu（2011）以中国上市公司为研究样本的研究也有类似发现：有政治关联的被告方或者作为国有上市公司的被告方在涉诉时，负向的市场反应程度较低，并且这些被告上市公司更有可能上诉，并获得一个较为理想的上诉判决；此外，还有研究发现由于可能存在的信息提前泄露问题，股票价格会因为公司发生诉讼事项而引起异常的非系统性波动（姚胜琦、童菲、周晓辉，2006）。当上市公司涉及法律诉讼时，理性的投资者往往会认为继续持有该公司股票将面临较大风险，因此改变交易行为，进而引起股票价格波动。

2. 法律诉讼对公司投融资决策的影响

上市公司的经营发展离不开资金的支持，因此其投资融资决策显得尤为重要。国内外的大量研究都显示公司诉讼风险会影响其投融资决策，也会对其融资成本产生显著的影响。

Arena，Julio（2011）的研究在控制内生性之后，企业投资决策受到诉讼风险的影响，企业会通过削减资本支出来应对诉讼风险；该研究还发现具有高诉讼风险的公司为了应对潜在的诉讼将持有更多的现金，投资决策显得更加谨慎。有研究则进一步指出，当原告方在提起诉讼时特别指明"管理人员在收购后过度承诺并隐瞒不良业绩"，被告方公司的投资行为更加保守谨慎，减少了过度投资。国内的研究也有类似的结论，俞国栋、周开国、郑倩昀（2015）以我国上市公司的资金类诉讼事项为研究样本，发现法律诉讼使得被告方公司的投资规模和融资规模均显著降低。出现这种情况可能是由于：一方面法律诉讼带来的声誉损失提高了公司的融资成本，另一方面法律诉讼使得公司董事加强对管理者的监督约束，规范了管理者的财务行为。国内还有学者打破对银企关系良性互动对银行获得信贷资源的积极影响的研究，进一步针对银行作为原告方提起的债务诉讼，发现该类诉讼对被告方借款公司产生的负面声誉影响，破坏了双方的借贷关系，导致企业原有声誉资产的损失，对被告方日后获得银行信贷产生了显著的不利影响。其用数据从反面验证企业披露了银行的收贷诉讼后，声誉、关系的破坏如何影响企业的投融资（罗党论、聂超颖，2013）。

为了更深入地探究诉讼风险对公司的融资情况带来的消极影响，国内开展了一系列诉讼风险对债务契约的影响研究。林斌、周美华、舒伟（2015）的研究发现公司的诉讼风险显著增加了其债务成本，同时显著缩短了其借款期限，并且内部控制质量较差的企业更容易陷入诉讼纠纷之中。公司诉讼会为企业带来声誉危害：一方面合作伙伴担心公司会对其做出同样的非法行为，降低对公司信任度；另一方面合作伙伴会考虑公司受到处罚后是否具有充足资金提供生产或交付款项。王彦超、姜国华、辛清泉（2016）认为，我国诉讼案件整体赔偿率不高，而这种情况侧面反映出诉讼执行成本高昂，并将在融资成本中体现。三位学者控制了财务困境和相关的公司特征变量后发现，公司的潜在诉讼风险对其债务融资成本有显著的正向影响，该研究还进一步植入了地区环境差异的影响，发现在诉讼发生率较高、信贷市场化程度较深的地区，诉讼风险对债务融资成本的正向影响更为显著。刘慧、张俊瑞和周键（2016）的研究则重点关注企业未决诉讼引起的诉讼风险对其银行债务融资成本的影响，研究指出存在未决诉讼的上市公司获取银行债务融资的成本更高，并且涉诉的频率越高，涉诉的金额越大，公司的银行债务融资成本越高。在区分了公司的产权性质与所在地法律环境之后，研究发现非国有上市公司以及低法制水平企业的债务成本受到未决诉讼的影响更为显著。

3. 法律诉讼对公司管理者行为的影响

上市公司发生法律诉讼或者面临较高的潜在法律风险时，管理层人员可能出于自身的利益考虑，操纵公司盈余或者盈余信息的披露。

上市公司在被起诉或者潜在的诉讼风险显著增大时，盈余管理活动将显著增加，会有采取向下盈余管理的趋势，管理者希望通过盈余管理来降低损失并获得利益相关者的支持（王彦超、林斌、辛清泉，2008；钱爱民、郁智，2017），然而这一行为将导致公司的会计信息质量降低；Laux，Stocken（2012）的研究发现，高诉讼风险加大了公司发生财务错报的概率，尤其是公司管理者对公司的业绩预测比投资者更为乐观时。具体来说，当公司面临较高的诉讼风险时，管理层的盈余预告披露方式会有所调整，他们将采用精确程度更低、更不及时、更不稳健的形式向外部披露其盈余预告（高敬忠、韩传模、王英允，2011）。因为更加精确的报告如果在事后被证明不一致，可能会导致投资者的不满、质疑甚至投诉；过早的盈余预告可能会受到更多的市场关注、面临较大的市场波动；对负面消息采用过于悲观的态度预告可能会影响市场预期，导致股价下跌。也有研究指出了管理者面对公司诉讼风险采取的盈余管理行为的正面作用，李小荣、张瑞君、董红晔（2014）的研究就指出公司在发生债务诉讼之后，出于对债权人的幕后压力与企业声誉的考虑，会减少正向的盈余管理水平，并且由于债务契约具有的治理作用，债务人会被要求使用更加谨慎的会计政策，这将提高公司的会计稳健性，减少坏消息的积累，进而降低公司的股价崩盘风险。

4. 法律诉讼对公司创新的影响

由于企业进行的研发活动具有时间长、成本高、不确定性大等特征，因此其被视为一项风险较高的长期投资活动。当企业面临的诉讼风险增加时，管理者会对研发支出这一非刚性投资做出怎样的决策尚不确定。国内外均有研究关注到了法律诉讼事项对公司创新，抑或研发活动的影响。Smeets（2014）的研究发现专利类诉讼将减少小规模公司的研发投入，尤其是所涉及的诉讼规模较大时或者诉讼标的涉及技术接近程度很高的专利。潘越、潘健平、戴亦一（2015）的研究则是将诉讼分为资金类诉讼和产品类诉讼，使用被告涉诉次数与金额作为两个衡量指标，发现资金类诉讼显著抑制了公司的创新活动，而产品类诉讼反而激励了公司进行研发投入，开展创新活动。对于资金类诉讼产品，企业涉诉频率过高或数额过大会导致企业现金流出现断流风险，企业可能会由于资金压力而减少研发投入；而对于产品类诉讼，虽然诉讼影响企业声誉，但此类纠纷一般不会对企业资金链造成太大影响，并且可能由于带来的市场压力而使企业加大对创新活动的投入力度。

5. 法律诉讼的公司治理效应

诉讼风险给企业带来了潜在的经营风险与财务风险，因此大多研究关注点在于诉讼风险的负面经济后果，然而也有一些研究则关注公司诉讼发挥的治理作用。

Cheng 等（2010）的研究发现，在机构投资者作为原告的诉讼之后，被告方公司的董事会独立性会得到显著的改善；因此，诉讼可以促进公司治理结构的改善也是机构投资者参与诉讼的重要原因之一。祝继高（2011）的研究则针对被银行起诉的上市公司，发现企业由于违反债务契约而被银行起诉后，将采取更稳健的会计政策。这主要是由于当企业面临债务诉讼后，破产风险也随之提高，债权人出于更好地监督企业经营状况的目的，会要求企业使用更稳健的会计政策以缓解信息的不确定性。进一步通过对债权人类型进行区别，发现非四大国有商业银行比国有四大商业银行对被起诉企业的会计稳健性要求更高。此外，由于企业中发生的大股东掏空行为加重了企业的利益冲突，也有学者企图探寻资金占用、民事诉讼与债权人保护之间的关系。研究表明：大股东资金占用导致企业诉讼风险增加，但是上市公司的被诉反过来会对大股东资金占用起到治理作用——上市公司被起诉后的第二年起，大股东资金占用情况得到了显著的抑制，债权人能够通过第三方法院的介入实现维权（王彦超、姜国华，2016）。

这些研究均体现了法律诉讼的治理作用，由于诉讼的发生而影响到了公司的内部治理，进而保护了利益相关者的权益。因此，在我国，法律逐步成为投资者等寻求保护的重要支撑。

表 2-3 对以上诉讼风险经济后果的研究文献进行了简要汇总。

表 2-3　诉讼风险的经济后果研究文献汇总表

经济后果	代表性文献
诉讼风险的市场反应	Engelmann，Cornell（1988）；Cutler，Summers（1988）；Bhagat，Bizjak，Coles（1998）；Bhagat，Romano（2002）；Bizjak，Cole（1995）；Firth，Oliver M.，Wu（2011）；徐玮（2011）；姚胜琦、童菲、周晓辉（2006）
诉讼风险对公司投融资决策的影响	Arena，Julio（2011）；俞国栋、周开国、郑倩昀（2015）；林斌、周美华、舒伟（2015）；王彦超、姜国华、辛清泉（2016）；刘慧、张俊瑞、周键（2016）
诉讼风险对管理者行为的影响	王彦超、林斌、辛清泉（2008）；钱爱民、郁智（2017）；Laux，Stocken（2012）；高敬忠、韩传模、王英允（2011）；李小荣、张瑞君、董红晔（2014）
诉讼风险对公司创新的影响	Smeets（2014）；潘越、潘健平、戴亦一（2015）
诉讼风险的治理效应	Cheng 等（2010）；祝继高（2011）；王彦超、姜国华（2016）

（三）诉讼风险的治理研究

鉴于诉讼风险给公司带来的多种负面经济影响，公司在面临高诉讼风险时将会采取应对措施，防范诉讼风险，降低诉讼带来的不良经济后果。

对于诉讼风险的治理，主要体现在公司采取内部治理手段进行诉讼风险的防控。

首先是加强公司的内部控制，内部控制的基本目标是确保企业合法合规经营，同时完善企业内部治理，保护资本市场健康发展。在考虑了我国证券市场违规行为与诉讼风险影响下，研究企业存在的内部控制缺陷与违规和诉讼风险之间的关系，证实存在内控缺陷的公司所面临的诉讼风险更高，内部控制的质量越差，公司面临被诉的可能性将越大。并且相较于国有企业，非国有企业更容易因内控缺陷而导致违规与诉讼风险的增加。（管中慧，2016；林斌等，2013）。因此企业有必要减少内控缺陷，提升内部控制水平，抑制违规行为，降低企业经营风险。毛新述、孟杰（2013）的研究则进行了较为深入的剖析，发现越有效的内部控制体系，越能显著抑制公司的诉讼风险，公司的涉诉频率和诉讼涉案金额都会显著下降；他们的研究还进一步区分了内部控制的各个要素，发现对诉讼风险起到显著治理作用的是内部监督和内部环境建设；区分诉讼案件的类型后还发现，内部控制对担保类诉讼、借款纠纷类诉讼起到了显著的治理作用；同时，自愿披露的内部控制报告比强制披露的内部控制报告对诉讼风险的治理作用更为显著。

其次，公司管理层会通过策略性的盈余披露手段来降低诉讼风险的不良影响，企业面临诉讼风险增加的情况时，管理层人员不太可能选择战略性沉默，而是更有可能预警即将发生的负面新闻，提前的预告可以提供一些诉讼保护（Billings，Cedergren，2015）；Cao，Narayanamoorthy（2011）还发现企业面临较高诉讼风险时，有坏消息的公司管理者更倾向于发布盈余预告；但是有好消息的公司并不会这么做。

最后，管理层会从维护公司声誉的角度出发控制诉讼风险带来的不良经济后果，而慈善捐赠正是一种提升公司声誉、进而降低诉讼风险的手段。企业管理者作为诉讼的受损方，其有动力做出行动对声誉和利益损失进行补救。并且企业通过慈善捐赠后，融资能力得到明显改善（戴亦一、彭镇、潘越，2016；傅超、吉利，2017）。

此外，还有研究发现独立董事网络能够通过降低公司内外部的信息不对称来降低企业的诉讼风险，并且独立董事网络控制诉讼风险的效果在内部控制缺陷较大、环境不确定性较高的企业中更加显著。独立董事的存在不仅有利于内部信息向外传递，缓解代理问题与机会主义行为，也有利于外部信息向内部传递，降低由于经理人决策失误而导致的被诉风险。因此，企业选择聘任兼职于多家公司的独立董事可以起到规避诉讼风险的作用（王文姣等，2017）；公司IPO折价也可以在一定程度上降低与其的诉讼成本（Lowry，Shu，2002）；公司管理层自愿披露其社会责任报告也可以起到降低诉讼风险的作用。企业社会责任报告的披露能够使得利益相关者获得更多企业信息，降低信息不对称程度，进而减少其投资风险与企业被诉风险（张俊瑞、刘慧、李彬，2017）；针对管理层而言，管理层持股以及购买董事高管责任保险均是抵御诉讼风险的措施。当高管的持股比例增加时，其个人利益与公司价值的关联更大，因此更加在意由于诉讼风险引发的企业价值降低，故愿意主动采取措施防范被诉案件的发生。而董事高管责任保险属于保险的一种，可以进行风险对冲，起到风险转移与风险分散的作用，故能够在高管面临被诉风险时进行保护（赵康生、周萍和刘玉博，2017；刘向强、赵阳和孙健，2017）。

资本市场的监管者也会关注上市公司的诉讼风险，冯延超、梁莱歆（2010）的研究就分析了审计师是否会关注上市公司诉讼仲裁、违规处分等引发的法律风险；结果表明，审计师会将这部分风险纳入审计判断，会对高法律风险的上市公司收取更高的审计费用、并有更高的概率出具非标审计意见。张俊瑞、刘慧和杨蓓（2016）的研究也从外部治理的角度出发，探究了资本市场中介——证券分析师对所跟进公司的诉讼风险的治理效应，他们的研究证实了分析师跟进确实降低了上市公司的诉讼风险。

表2-4对以上诉讼风险内外部治理的研究文献进行了简要汇总。

表2-4 诉讼风险的内外部治理研究文献汇总表

	治理措施	代表性文献
内部治理	内部控制	管中慧（2016）；林斌等（2013）；毛新述、孟杰（2013）
	信息披露策略	Billings 和 Cedergren（2015）；Cao 和 Narayanamoorthy（2011）
	声誉维护	戴亦一、彭镇和潘越（2016）；傅超、吉利（2017）
	其他措施	王文姣等（2017）；Lowry 和 Shu（2002）；张俊瑞，刘慧、李彬（2017）；赵康生、周萍、刘玉博（2017）；刘向强、赵阳和孙健，（2017）
外部治理	证券分析师跟进	张俊瑞、刘慧、杨蓓（2016）
	审计师监督	冯延超、梁莱歆（2010）

本章小结

通过对上述国内外有关政企纽带、法律风险文献的回顾与整理，可以发现：

1. 已有对政企纽带的研究侧重于企业通过高管个人社会网络构建的政治关联，鲜有文献关注企业通过配合宏观政策参与政府活动形成的政企纽带。当下我国处于经济转型期，政府与企业如何建立长久的合作，合理配置社会资源，促进产业经济发展，实现全社会的经济增长，是十分重要的命题。在这样的情形下，宏观政策引导企业微观层面配合的研究至关重要，企业配合政府的宏观政策正是构建新型政企纽带的契机。

2. 有关扶贫的研究多集中于理论层面，探讨政府层面脱贫攻坚的对策及保障架构等，仍然缺少实证分析以及政府与企业的相互作用分析，忽视了国家扶贫政策背景下政府与企业合作的效果研究以及企业主动履行扶贫社会责任的动机探索。当下扶贫政策已上升为国家战略，如何促进社会多维联动的扶贫格局有必要深入探究。

3. 有关企业法律风险的研究已较为充实，从已有的研究可知，上市公司的法律风险往往伴随着负向的市场反应，其投融资决策也会受到法律风险的显著影响，公司治理也会受到法律风险的干扰；因此上市公司法律风险的治理不容忽视。而有关法律风险治理的研究，大多是关注企业微观层面的治理行为，例如加强内部控制、策略性地进行信息披露等，也有研究发现传统的政企关联对企业法律风险的治理效用已经十分局限，法制完善程度较高时，传统的政治关联几乎不能发挥作用。但是对于企业经由配合国家宏观政策所建立的政企纽带能否起到治理法律风险的作用尚且缺乏实证研究。

4.已有少量的研究从声誉维护的角度分析企业的法律风险治理，但是现有研究只关注了上市公司通过慈善捐赠的声誉机制应对其诉讼风险。然而，企业参与精准扶贫以及未来解决相对贫困的长效机制，并不是简单的公益慈善，声誉维护无法系统地解释企业配合国家扶贫宏观政策在短、中、长期发挥治理效用的机制。

鉴于此，本著作基于当前我国即将从"精准扶贫"转入"乡村振兴"的宏观政策背景，以上市公司参与扶贫建立与政府合作的纽带为切入点，研究政企纽带对上市公司法律风险的治理效应，从短、中、长期探索其治理路径与效果，并进一步考察上市公司的产权性质、所在地法律环境等异质性特征的调节作用，为政府鼓励企业配合参与扶贫长效机制提供理论支持，为企业治理法律风险提供政策建议。

第三章
————

企业扶贫模式对政企扶贫纽带建立的影响：逻辑与特征

一、企业参与扶贫建立政企纽带的逻辑分析

资源论的基本思想是把企业看成是资源的集合体，将目标集中在资源的特性和战略要素市场上，并以此来解释企业的可持续的优势和相互间的差异。组织要想在社会中获取竞争优势，必须充分掌握资源。法国社会学家皮埃尔·布迪厄（Pierre Bourdieu）认为，社会资本是实际的或潜在的资源的集合体，那些资源是同对某些持久的网络的占有密不可分的。这一网络是大家共同熟悉的、得到公认的，而且是一种体制化的网络，这一网络是同某团体的会员制相联系的，它从集体性拥有资本的角度为每个会员提供支持，提供为他们赢得声望的凭证，而社会资本以关系网络的形式存在。社会资本理论指出："社会资本具有先在性，它存在于一定的社会结构之中，

人们必须遵循其中的规则才能获得行动所需的社会资本，人通过有目的的行动可以获得社会资本。"（Lin，Cook，Burt，2001）。如何获得并利用社会资本实质上决定了竞争优势，该定义也指出可以通过人为的主观能动性构建社会网络进而获取社会资本。同时资源基础理论认为，企业是各种资源的集合体，企业竞争优势根源于企业的特殊资源，这种特殊资源能够给企业带来经济租金（Wernerfelt，1984）。资源基础理论为企业的长远发展指明了方向，即培育、获取能给企业带来竞争优势的特殊资源。

中国特色社会主义市场经济模式，体现了社会主义国家决策高效、组织有力、集中力量办大事的优势，我们要发挥这个优势来推动经济发展方式的转变。当前，我国市场经济仍处在发育和完善的阶段。在这样的情况下，转变经济发展方式，包括调整产业结构，协调内需与外需关系、投资与消费关系、城乡关系、区域关系，协调经济发展与社会发展、节约能源资源和保护生态环境，还需要发挥政府宏观调控和管理的重要作用。从我国现阶段的实际情况来看，需要自觉发挥社会主义市场经济模式比较优势的功效，来加快推动经济发展方式的转变。也就是说，中国在转型经济期采取了政府推动经济的发展模式，企业积极寻求方式嵌入政府所建立的社会网络中，这是获得企业生存发展所必需的社会资本的重要方式。扶贫是我国目前重要的国家战略，是企业建立政企纽带的绝好契机：企业配合政府参与扶贫以及乡村振兴，不仅可以体现社会责任、提升品牌形象，同时也加强了与政府沟通联络的机会，由此可以更早、更准确地把握相关产业的政策方向，还有可能赢得政府的相关政策支持以及金融支持。当前阶段处于我国从"精准扶贫"到"乡村振兴"

过渡衔接的战略时期，基于企业扶贫及兴村的行为可获得的政治资源输入，将企业配合政府参与扶贫乃至乡村振兴视作企业建立政企纽带的一种方式，将其命名为"政企扶贫纽带"。

二、企业扶贫模式对政企扶贫纽带的影响及其特征分析

本著作挖掘整理了我国上市公司年报中"重要事项"、上市公司披露的有关扶贫实时进展的临时公告、上市公司的企业社会责任报告中扶贫信息以及上市公司官方网站的公示信息等，获取上市公司参与扶贫的方式，并拟将其分类如下：（1）依托企业的主营业务，利用其资金、技术、平台等优势，坚持互惠互利原则，针对性地与贫困地区的贫困农民实现对接，定义其为"产业带动型扶贫"；（2）为贫困地区搭建市场平台、营销渠道，将政企支持与市场化经营结合，定义其为"中介型扶贫"；（3）针对性地向贫困户提供贷款帮助或者为贫困户提供贷款担保，定义其为"金融型扶贫"；（4）为贫困地区改善基础设施、公共资源，定义其为"公益型扶贫"。

本著作基于不同类型扶贫的特点，依其动机进一步归类："金融型扶贫"及"公益型扶贫"，很大程度上依赖于企业的现金流，可归纳为"资金型扶贫"。"产业带动型扶贫"与"中介型扶贫"，是企业结合自身优势及业务平台进行的战略部署，可归纳为"战略型扶贫"。扶贫类型不同，所形成的政企扶贫纽带也会有不同特点：资金型扶贫形成的政企扶贫纽带，需要企业单方面资金、物料或者信用担保的付出，不具有长远的持续性；2020年起扶贫长效机制的推进，

2021 年起从"精准扶贫"与长远推进的"乡村振兴"衔接过渡，资金型扶贫终将停止，依其所形成的政企扶贫纽带也将随之消失，因此资金型扶贫形成的政企扶贫纽带是短期存在的。战略型扶贫形成的政企扶贫纽带，结合了企业自身的经营优势与政企扶贫纽带的政治力量效应，构建或优化其产业链，最终实现互利共赢，这将是企业扶贫长效机制的主流趋势，因此战略型扶贫形成的政企扶贫纽带将长久存续。

图 3-1 展示了企业不同扶贫模式对政企扶贫纽带形成的特点。

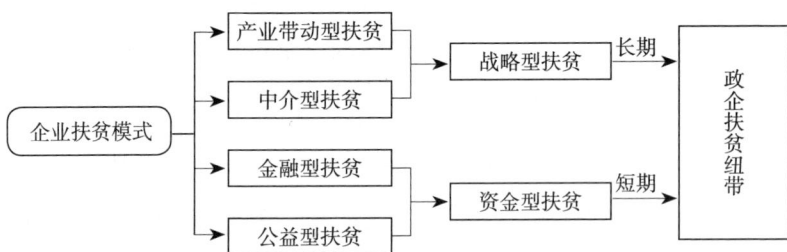

图 3-1 企业扶贫模式对政企扶贫纽带形成的特点

表 3-1 列示了两类政企扶贫纽带的数据，呈现以下特点：（1）每年建立资金型政企扶贫纽带的公司数量都比战略型政企扶贫纽带的公司数量多，但是差距逐渐缩小，说明资金型扶贫更方便企业实施，而战略型扶贫需要稳步推进；（2）除了 2019 年[①]，每年战略型扶贫的投入总金额都远高于资金型扶贫，一定程度上反映出战略型扶贫的布局难度；（3）除了 2019 年，资金型扶贫的投入金额逐年趋势较为稳定，无明显特点，而战略型扶贫的投入显示出一定的周期性，总

---

① 2019 年是精准扶贫时期的关键冲刺年，大量集中的资源资金投入到贫困地区的基础设施建设，因此 2019 年资金型扶贫投入短期激增。

体逐年增长的大趋势下 2017 年和 2019 年显示出激增趋势，一定程度上反映出战略型扶贫的周期性规划和投入情况。

表 3-1　政企扶贫纽带分类统计表

单位：亿元

年度	资金型政企扶贫纽带		战略型政企扶贫纽带		总计	
	公司数	总金额	公司数	总金额	公司数	总金额
2016	504	60.30	271	330.17	775	390.47
2017	718	218.10	415	5810.00	1133	6028.1
2018	910	228.26	539	485.47	1449	713.73
2019	977	4800.00	680	1130.00	1657	5930
2020	1028	274.01	779	651.98	1807	925.99
总计	4137	5580.67	2684	8407.92	6821	13 988.29

表 3-2 展示了政企扶贫纽带的持续性情况。以 2016 年为基准年，将持续两年及以上的政企扶贫纽带定义为"持续性政企扶贫纽带"。统计显示：资金型扶贫纽带从 2018 起开始呈现持续性下降的趋势，即企业从 2018 年起资金型扶贫的持续投入逐年减少；而战略型政企扶贫纽带从 2017 年起一直稳步增加，即企业不断深入布局扶贫战略，将扶贫与企业经营战略整合布局，尤其是 2020 年国家战略向乡村振兴过渡之际，政企扶贫纽带的持续性也有显著增长，直观地反映出企业扶贫战略朝着可持续以及互利共赢的方向布局。

表 3-2　政企扶贫纽带的持续性

单位：个

年度	政企扶贫纽带持续两年及以上的公司数量		
	资金型政企扶贫纽带	战略型政企扶贫纽带	总计
2017	410	227	637
2018	1063	358	1421
2019	563	445	1008
2020	311	492	803
总计	2347	1522	3869

（2016 年为基准年）

三、政企扶贫纽带的案例分析

企业自开展精准扶贫工作以来，发挥独特的优势和资源，因地制宜，把"精准扶贫"与当地特色、企业优势结合起来，积累了不少卓有成效的扶贫经验。例如，企业通过产业扶贫模式介入，将企业的优势资源与贫困地区需求对接，在激活贫困地区内生发展动力的同时，也为企业的业务拓展提供了新的发展机遇，实现了企业、贫困地区和政府多赢。随着"精准扶贫"的完美收官，"乡村振兴"正式拉开帷幕，企业在精准扶贫阶段用心规划的战略型扶贫还将持续深入，形成规模化的产业，政企扶贫纽带将更紧、更远地存续，这也正是政企扶贫纽带持续存在的意义所在。目前已经有众多互益共生、契合乡村振兴五个维度（产业振兴、人才振兴、文化振兴、生态振兴、组织振兴）的政企扶贫纽带涌现，本著作将以"光伏扶贫"这一典型模式为案例展开分析。

光伏扶贫作为精准扶贫工作的新途径，是国家"十大精准扶贫工程之一"。隆基股份以高效率、高可靠的光伏产品为贫困户带来收益保障，脱贫又增收，确保贫困户得到更多收益。隆基股份董事长钟宝申表示："开展光伏扶贫，既符合精准扶贫战略，又符合清洁低碳能源发展战略；既有利于扩大光伏发电市场，又有利于促进贫困人口增收。当前，隆基股份旗下子公司隆基清洁能源、隆基新能源、隆基乐叶等通过建设扶贫电站或提供先进技术产品，积极开展光伏精准扶贫。"

（一）案例公司简介

隆基绿能科技股份有限公司（简称隆基股份）成立于2000年，2012年在上海证券交易所上市，是全球最大的单晶光伏产品制造商。隆基股份专注于单晶光伏技术，为全球客户提供高效单晶太阳能发电解决方案。主要从事单晶硅棒、硅片、电池和组件的研发、生产和销售，以及光伏电站的开发等业务。自创立以来，其始终秉承"可靠、增值、愉悦"的企业文化理念，持续为社会提供优秀的能源与服务。同时，作为全球光伏行业领导品牌，隆基股份积极承担社会责任，并以"融和、共好"作为企业社会责任指导理念，为全人类创造绿色宜居家园的同时，积极承担对客户、员工、股东等其他利益相关方的责任。

隆基股份依托长期积累形成的规模化生产优势、光伏全产业链优势、科技创新优势、品牌优势和人才优势，致力于发展成为全球最具价值的太阳能科技公司，促进光伏发电"平价时代"的早日到来，让更多人享受光伏绿色能源。2021 年，隆基股份连续第四年入围"财富中国 500 强"榜单，分别位列中国企业 500 强第 365 位，中国制造业企业 500 强第 172 位，中国民营企业 500 强第 176 位。

（二）扶贫的思维转换

在世界范围内消除一切形式的贫困，是当今世界面临的最大全球性挑战，也是实现可持续发展的必然要求，位居 2030 年可持续发展 17 个目标中的第一个。中国打赢脱贫攻坚战，将历史性地解决困扰中华民族几千年的绝对贫困问题，为全球减贫事业做出巨大贡献，中国经验和中国智慧将为全球减贫事业带来更多启示。

隆基股份响应国家号召，积极履行企业社会责任，全面践行国家可再生能源发展战略和精准扶贫的指导方针，主动将更好的产品、服务用到消除贫困项目中。隆基股份及其子公司大力捐资助贫，多次向贫困地区捐赠爱心物资、参与爱心助学项目、购买农产品作为员工福利等等。尽管向贫困地区捐钱捐物是解决燃眉之急的最直接形式，但隆基始终认为应当探索具有可持续性的扶贫方式，让这项伟大的事业久久为功。2015 年 1 月，光伏扶贫以其符合贫困地区实际、符合绿色发展要求、收益长期稳定等特点，被国务院扶贫办确立为"十大精准扶贫工程"之一以来，得到了社会各界的认可。隆基股份逐渐摒弃"输血式"扶贫，从自身产业优势出发，彻底转变了扶贫思维，将"光伏扶贫"走出了隆基特色，为脱贫攻坚贡献了绿色力量。

（三）扶贫模式的创新

1. 政企密切合作，打造扶贫的"隆基模式"

政府积极推进贫困地区的基础建设，隆基股份结合贫困地区的需求和特点，主动开发利用自身的光伏产业优势，为贫困地区提供清洁用电。

"320"这一数字是南屋村一期100千瓦光伏电站一天的发电量，能同时满足全村80多户一天的用电需求，象征着南屋村光伏扶贫战的首战告捷！隆基股份作为南屋村光伏电站的建设支持方，在渭北地区光伏扶贫事业中发挥着重要作用。

南屋村光伏扶贫获得良好成果。"项目前期，对南屋村电站进行实地考察、勘测前后经历6次，用时3个月之久。在相关文件获得批复之前，从国家政策制度、项目技术方案可行性方面，项目部都与业主方进行了细致、深入、全面的沟通，为后续工作打下扎实基础。"隆基南屋村项目负责人陈航曾这样说道。在与贫困村进行对接时，村民们对于摆脱贫困的渴望使隆基的工作人员感受到自己肩上的重任。虽然贫困问题复杂多样，但他们还是希望自己能够把扶贫项目做好、做精，给群众带来切实利益。"隆基模式"这一理念也由此萌芽。

接下来，隆基开始将"高效"理念融入光伏扶贫之中，通过单晶硅与多晶硅电池组件实现最低转换效率，希望以"领跑者"的标准做好扶贫工作。使用高效光伏产品，不仅在同样单位面积内提高扶贫电站的发电量，达到增加收益的效果，同时领先技术和产品的应用，也将长期充分保障电站质量和发电能力，助力建设质量放心的扶贫工程。

作为典型的国家级贫困县，河北省张家界的康保县光伏扶贫工作要求高质量、严标准。因此，隆基为康保县村级光伏电站选用了市场上领先的高效 PERC 单晶组件，光电转换效率达 18.8%，远远超过光伏"领跑者"项目标准。据统计，"领跑者"项目扶贫电站每年为康保县带来稳定售电收入高达 7000 万余元！康保县人民政府为了感谢隆基乐叶的帮助，派出供销社主任杨永彪作代表向隆基乐叶送出一面崭新的锦旗，旗上印着两行烫金大字："光伏扶贫领跑，绿能科技先锋。"

随着扶贫工作的开展，不只是在康保县，隆基股份在所有的扶贫项目中均采用隆基乐叶高效光伏组件。仅 2019 年，隆基股份就向云南省"十三五"第二批光伏扶贫电站项目供应了 85% 的高效光伏组件，达 196 兆瓦，让超过 4 万户贫困户收益。谈起"隆基模式"（图3-2）的精髓，陈航言简意赅地说道："就是以高效组件打造扶贫工程，保证项目的发电量，确保群众实实在在的利益。"

图 3-2　光伏扶贫的隆基模式

2. "光伏 + 农业 + 扶贫"

在持续推进光伏扶贫的过程中，隆基因地制宜，紧密结合受助方需求，开发出更多扶贫的新模式。秋天是收获的季节，金黄的麦子生长在宝鸡千阳县的土塬上，为这片黄土高原的梯田增加了一抹色彩。每当秋风抚过，麦浪层层更迭。但千阳县的麦地里不只有金色的麦穗，更引人注目的是那一排排黑色的方块。这是隆基千阳县隆核 100 兆瓦光伏复合发电项目。

板上清洁电，板下种小麦，这是隆基"友好型光伏电站"的诠释。这一项目将光伏与农业优势结合在一起，不仅实现了光伏发电与作物生长，同时还可以节约成本、节能减排，促成光伏发展与乡村振兴的双赢局面。

在更大装机容量目标下，建立光伏电站与土地紧缺之间的矛盾亟待解决。基于此，隆基开始探索以农光互补为代表的"光伏 + 农业"新模式，实现一地两用，发电、种植两不误。2019 年，隆基参与了对甘肃临夏东乡族自治县的光伏扶贫工作，在梁峁与沟壑间建起电站。东乡县"十三五"第二批光伏扶贫项目除了常规的地面发电项目，还有荒地上的蔬菜大棚。农光互补的"光伏 + 农业"扶贫模式，让当地的农业种植和光伏科技完美融合。光伏发电产生了巨大的经济价值加上农业种植带来的可观收入，大大改善了东乡族百姓的生活水平。图 3-3 为东乡族自治县唐汪镇白咀村电站。

图 3-3　东乡族自治县唐汪镇白咀村电站

隆基清洁能源董事长张长江曾说道:"光伏＋农业模式早就被提及,也曾有小规模的示范项目落地,但一直没有迎来爆发。而在碳达峰、碳中和目标提出后,光伏产业的发展不再只能关注发电这一核心,还需要注意对生态环境的影响。"将生态农业、光伏发电与扶贫三者融合,有力地保护了当地的生态环境,做到在脱贫攻坚中也不忘建设"绿水青山"。

实际上,不只是在农业方面,隆基的"光伏＋"模式将光伏扶贫与产业优势结合得十分紧密。"除了农业外,基于不同地形,光伏还可以和林业、渔业、牧业相结合。"隆基在广西蒙山县高堆村"渔光互补"村级光伏扶贫发电项目就将渔业养殖和光伏发电相结合,通过在水面设立太阳能电池板,水面下规划养殖鱼虾,形成养殖和发电并行模式。而隆基在山西大同石仁村的30兆瓦光伏扶贫电站也利用建设场地的山地地貌,采取了"光伏＋山地＋扶贫"的综合解决方案。虽然山地施工难度加大并且施工时期天气炎热,但施工人员仍争分夺秒,顺利完成了项目施工及并网。同样是在山西省,广灵县裴家洼村后山地上鳞次栉比的扶贫电站则是"光伏＋林业＋扶贫"模式的体现。该项目在实现输出清洁能源的同时,与中药材、灌木林业相结合,形成林光互补等生态互补建设模式。

3. "光伏＋农业＋扶贫＋旅游"

2020年3月中旬,初春的暖风吹绿了八百里秦川。在陕西省铜川市光伏发电技术"领跑者"项目基地,2019年秋天种下的黄芪也在一片片光伏板下冒出了嫩芽,蔬菜、中药材和光伏板交织在一起,构成了一番新图景。隆基清洁能源项目经理高浩宇面对着起伏的山峦解释道:"现在山花还没有大面积开,再过几天,这山上桃花、杏花都开了，漫山遍野，旅游的人就多起来了。"

　　位于铜川的光伏发电技术"领跑者"基地项目在 2019 年全面并网，是当时陕西最大的光伏电站项目。但当光伏产业已收获巨大成效后，铜川基地建设并没有停下脚步。它逐渐扩大外延，打造既能满足基本发电需求，又融合观光旅游、技术展示、精准扶贫于一体的示范项目，计划在"光伏 + 生态农业 + 生态旅游 + 扶贫"的赛道上实现新的领跑！光伏项目不仅通过农光互补的模式达到农业、发电双丰收，还为村里修了进村的大路，建设了相应旅游设施，村民们的农家乐、小超市都如雨后春笋般地冒了出来。据项目负责人介绍，隆基还将建设组培中心、冷库、数字农业监控系统、景观提升等设施，结合铜川本地特色地方文化，逐步优化农业 + 观光旅游的复合模式。未来，这里还将形成观光采摘、光伏板间适种经济作物试验、定制化有机蔬果供应、光伏 + 农业科技展示等功能。

　　在陕西省延川县，隆基清洁能源也将"光伏 + 农业 + 扶贫 + 旅游"的综合解决方案引入到了光伏电站的设计、开发与建设中。（图 3-4）在光伏电站能够为村民带来稳定扶贫收入的同时，隆基还积极同相关农业专家进行交流，充分利用电站的下部空间进行连翘等经济作物的生态种植、生态观光农业旅游项目的开发，打造出集光伏发电、农业种植、旅游观光于一体的绿色生态走廊。"后续，我们还将对提高项目非光伏部分的经济效益进行探索，实现效益长期、稳定；同时，为光伏复合项目做前瞻性试验；最重要的是，要把项目与当地农业产业实现高度契合，成为本地高科技产业发展的助力者。"隆基的有关负责人这样说道。

图 3-4　陕西延川县隆基 15 兆瓦光伏扶贫电站

（四）扶贫之路互益共进

光伏扶贫让无数贫困地区的百姓从阳光中收益，不仅光伏电站能够带来长期稳定的扶贫款，农作物种植、农产品销售、旅游产业发展也能为贫困户提供工作机会，拓宽收入渠道。光伏扶贫在帮助贫困地区村民脱贫致富的同时，也为隆基带来了许多益处。隆基股份董事长钟宝申就总结道："开展光伏扶贫，既符合精准扶贫战略，又符合清洁低碳能源发展战略；既有利于扩大光伏发电市场，又有利于促进贫困人口增收。当前，隆基股份旗下子公司隆基清洁能源、隆基乐叶等通过建设扶贫电站或提供先进技术产品，积极开展光伏精准扶贫。"

许多贫困地区都拥有得天独厚的自然条件和区位优势，丰富的硅矿资源、水电资源、太阳能资源，以及地方招商引资的政策等都是隆基股份作为光伏企业选择的原因。开展扶贫的同时，隆基也看到巨大的经济效益，积极布局产业发展，延伸硅光伏产业链，实现公益性与市场性双重成效。同时，为了更加有效地将帮扶计划与贫困地区自身优势相结合，助力脱贫并防止返贫，隆基也不断探索新模式，更新光伏产品，研究设计出超过"领跑者"项目标准的高效组件。使用高效产品，不仅在同样单位面积内提高扶贫电站的发电量，达到增收的效果，也使更加先进的技术得以应用，更加快速地进入市场化阶段，助力隆基提升技术实力。

隆基为扶贫事业做出的贡献也获得了社会各界的关注和肯定。2019年1月16日，隆基清洁能源事业部获得"海南省优秀光伏扶贫项目奖"；3月7日，中央电视台晚间新闻播出的《两会进行时·脱贫攻坚在行动》中，对隆基延川15兆瓦光伏电站进行了专题报道，点赞隆基光伏扶贫模式给当地带来的巨大变化；6月25日，《陕西日报》以"黄龙光伏电站成了群众聚宝盆"为题，对隆基黄龙30兆瓦光伏扶贫电站进行了专题报道，肯定了隆基光伏扶贫对当地脱贫攻坚、居民生活条件的改善所起到的巨大推动作用；2020年5月27日，全国政协《人民政协报》重磅推出可再生能源专刊，全景展现了中国可再生能源产业发展现状以及未来发展方向，以"光伏扶贫，多模式助力脱贫攻坚"为题报道了隆基光伏扶贫成就。

（五）政企扶贫纽带的功效发挥

"光伏扶贫"是实施精准扶贫、精准脱贫的重要举措，既解决了贫困劳动力就业难的问题，又破解了"无业可扶"的困局，可谓政企合作扶贫的典范。隆基作为我国光伏设备行业的龙头企业，结合自身产业优势，积极履行企业社会责任，坚持落实党中央号召做好做强"光伏扶贫"，以高效率、高可靠的光伏产品为贫困户带来稳定、持续的收益保障，确保贫困户得到更多收益，脱贫又增收，并以促进光伏电价"平价上网"为己任，帮助更多人享受太阳能清洁能源，促进中国乃至世界能源转型与绿色可持续发展。从"输血"到"造血"，隆基为了将贫困地区的阳光优势转化为阳光收入，开创了自己的有效途径。一个个扶贫工程既给农户带来实惠，也为光伏产业新技术的应运而生提供了土壤，隆基股份扶贫模式的成功充分体现了政企扶贫纽带的存在价值。

本章小结

本章基于社会资源理论、资源基础理论，剖析了企业与政府构建政企纽带获取资源的必要性；结合当前我国正处于"精准扶贫"与"乡村振兴"过渡衔接阶段，厘清了企业配合政府参与扶贫构建新型政企纽带的逻辑，梳理了不同类型扶贫的动机并分析不同扶贫类型下形成的政企扶贫纽带的存续性特征；同时，还对不同类型的政企扶贫纽带展开描述性统计分析，描绘出我国政企合作扶贫模式的概貌；还以"光伏扶贫"这一通过产业布局构建的典型战略型扶贫模式为例，解析我国企业在精准扶贫时期创新发展的扶贫模式产生的互益共赢结果，探讨了战略型扶贫模式下形成的政企扶贫纽带在乡村振兴阶段继续发挥功效的可行性及未来的发展前景。

第四章
————

政企扶贫纽带对企业法律风险的治理机制

一、政企扶贫纽带的政治力量效应

社会资本一般是指个人在一种组织结构中，利用自己特殊位置而获取利益的能力。皮埃尔·布迪厄是第一位在社会学领域对社会资本进行初步分析的学者，他认为社会资本是主导阶级的成员为了维持和再造团体的团结和保持团体的控制地位而进行的对互相确认和认知的投资。詹姆斯·塞缪尔·科尔曼（James Samuel Coleman）较系统地对社会资本进行了初步分析。科尔曼主要是同物质资本、人力资本的区别来界定社会资本的，其解释道："社会资本的形成，依赖于人与人之间的关系按照有利于行动的方式而改变。物质资本是有形的，可见的物质是其存在的形式；人力资本肉眼看不见，它存在于个人掌握的技能和知识之中；社会资本基本上是无形的，它表现为人与人的关系。"其后，罗伯特·大卫·普特南（Robert David Putnam）对社会资本的研究可以说是对科尔曼观点的延伸。布迪厄、科尔曼与普特南对社会资本的解释都带有集体论的色彩，而林南（Nan Lin）则从个体行动立场出发研究社会资本。Lin，Cook，Burt（2001）的社会资本理论指出："社会资本具有先在性，它存在于一定的社会结构之中，人们必须遵循其中的规则才能获得行动所需的社会资本，人通过有目的的行动可以获得社会资本。"Lin 先是通过对社会网的研究提出了社会资源理论，而后又在此基础上提出了社会资本理论。其在定义社会资本时强调了社会资本的先在性，它存在于一定的社会结构之中，人们必须遵循其中的规则才能获得行动所需的社会资本。如何获得与利用社会资本实质上决定了其各自的竞争优势，该定义也指出可以通过人为的主观能动性构建社会网络，进而获取社会资本。Wernerfelt（1984）的资源基础理论认为，企业是各种资源的集合体，企业竞争优势根源于企业的特殊资源，这种特殊资源能够给企业带来经济租金，也即企业所拥有资源的异质性决定了企业间竞争力的差异。资源基础理论主要包括三方面内容。

（1）特殊的异质资源是企业竞争优势的根源。资源基础论认为货币资金是各种资源中用途最为广泛的，企业的经营决策就是指各种资源的特定用途且一旦实行无法更改。因此，企业在任一时点都会拥有在先前资源配置基础上进行决策后带来的资源储备，并且这种储备会对企业下一步的决策形成限制或产生影响。企业之所以获利不同，一个重要原因就是企业间资源具有差异，作为企业优势源泉的资源具有"有价值""不能完全被仿制"以及"具有自我发展"

的特点。

（2）资源的不可模仿性使竞争优势具有持续性。由于企业特殊资源为其带来了经济租金，其他企业看到有利可图肯定会开始模仿优势企业，导致企业差异化缩小，租金消散。但资源基础理论的研究者们认为至少有三大因素阻碍着企业间的相互模仿。首先是由于企业所处的环境变化不确定，日常活动十分复杂，并且企业租金的获得基于企业所有活动，因此很难得出各项活动与企业租金间的关系，劣势企业更不清楚应该模仿与不应该模仿的内容。其次是企业获得某种资源、占据某种优势可能是由于远见或偶然。一开始可能并不被其他人认可，也就没有其他人模仿。但日后资源或优势逐渐显露，其他企业即使开始模仿，也因为时过境迁而不可能获得某种资源或优势，或无法以低成本获得该优势。最后是企业的模仿行为会产生模仿成本，这种成本以时间和资金成本为主。企业的模仿行为可能需要耗费很长时间，优势资源在这段时间里很可能受到环境变化的影响而丧失价值，这会导致一些企业放弃模仿。而即使不考虑较长时间，模仿行为也往往需要大量资金，有可能会导致入不敷出。

（3）资源基础论指出，培育、获取能给企业带来竞争优势的特殊资源将有利于企业的长远发展。企业可以通过有组织的学习来推动个人知识与能力转化为组织的知识与能力；也可以通过知识管理将特定知识传递给特定工作岗位的员工，提高知识处置速度与效率；还可以通过建立外部网络来发展企业需要的全部知识与能力。同时，资源依赖理论提出，因为环境的不确定性和缺乏足够的资源，组织可能会追求更多的资源以保障自己的利益，减少和避免环境变化带来的冲击（Pfeffer，Salancik，1980）。

资源依赖理论提出四个重要假设：（1）组织最重要的是关心生存；（2）组织为了生存需要资源，而组织通常无法自己产生这些资源；（3）组织必须与它所依赖的环境中的因素互动，其他组织往往被包含其中；（4）组织生存建立在一个控制它与其他组织关系的能力基础之上。资源依赖理论认为各企业间的资源是千差万别的，而且无法做到完全自由流动，许多资源是不能通过在市场上明码标价来进行交易的。比如组织才能，它们无法通过定价来进行交易，通常以惯例为衡量标准，但实际上它们比机器设备等有形资源更具有价值，更能为企业带来长期的优势。正是那些有价值的、稀缺的、难以复制的、不可替代的资源的有效利用和理性识别，导致了企业的超额利润及相互间的差异。因为环境的资源有限，不足供所有人和组织消耗，所以那些能够获得较多资源的组织便可以有较大的自主性，并能够影响其他缺乏资源的组织。由于审慎的理性管理、选择性资源的积累和配置、战略性的产业要素以及要素市场的不完善形成了可持续的竞争优势。资源依赖理论的一个重要的特点就是，通过分析组织怎样通过合并、联合、游说或治理等方式改变环境，说明组织不再是为需要去适应环境的被迫接收者，而要让环境来适应自身。这一理论强调对环境的影响与组织之间的关系，强调组织关注策略性的行为方式，它的优点就在于充分给予组织以能动性。与其他的环境决定论不同的是，它包含了更多的组织为回应外部压力形成适应性策略的可能性，强调组织克服资源约束的战略决策空间，描述组织通过政治性自主行动如内部结构和过程调整来追求组织自身的利益。Pfeffer（1980）还提出一些组织之所以比其他组织权力更多，是因为组织间相互依赖的特点也即在社会空间中的位置特性所决定的。资源依赖理论并非是一种可以操作化的方法体系，而是一种观察组织间关系的视角和概念系统。

中国在转型经济期采取了政府推动经济的发展模式，政府掌握并分配许多稀缺资源，大量的社会资本嵌套于以政府为核心的社会网络之中。通过配合政府参与扶贫，企业能够搭建与政府的合作纽带，并经此纽带获得政治资本。国务院扶贫办专门制定的《扶贫龙头企业认定和管理制度》中就指出："支持扶贫龙头企业和合作社在贫困地区因地制宜发展特色产业，充分享受税收、电价、用地等方面政策优惠，推动带贫减贫；加大对扶贫龙头企业和合作社贷款支持力度，并给予贴息"，直接体现了政府从各个方面给予扶贫企业政策倾斜。因此政企扶贫纽带具有很强的政治力量效应。政治力量效应是政企扶贫纽带对企业法律风险产生治理效果的根源，本著作将剖析政企扶贫纽带的政治力量效应即时衍生出的声誉效应、中长期逐渐形成的监督效应以及长期构建的价值效应，对企业法律风险发挥治理效用的不同路径。

二、政企扶贫纽带的声誉效应

承担社会责任是现代企业的义务，在政府主导的扶贫政策下，企业积极承担扶贫社会责任可以建立与政府的合作。声誉机制是指拥有声誉的一方在交易中会在某种规则下限制自己的行动，这种规则在于经济主体的行为将会与公众期待其所做出的行为相符合（晓芳，2014）。经济学家们在多年前就意识到声誉信息的广泛传播能够提高市场运作效率。Telser 指出契约的诚实执行离不开声誉这种重要机制的保证。缔约双方虽然能够意识到对方为"理性人"，都以自身利益最大化为目标，但一旦考虑到声誉和未来的收益，其允许交易中潜在机会主义行为的发生，因为其不想因为自己声誉被破坏而影响到未来潜在收益。Milgrom 等人通过对香槟酒交易会中和谐的声誉信息流的研究，指出这些声誉信息帮助中世纪的交易者们从遥远的地区识别可以信赖的合作伙伴。其认为声誉信息的流动能够有效改善信息不对称问题，并且声誉信息流动也能够提高市场运作的效率。对于一个经济主体来说，若其能够拥有良好的守约信誉，那么未来的缔约就可能以较低费用获得；与之相反，如果现在违约将会使未来缔约更加困难。声誉对于微观个体来说，长期中能为其带来收益；而对于宏观市场来说，其能够促进市场有效性的提高。声誉机制主要是通过守信激励与失信惩罚两种方式实现功能，即如果经济主体能够遵守声誉要求，则会得到奖励；而如果其违背声誉要求就会受到相应惩罚。本著作认为，政企扶贫纽带发挥声誉效应的来源有二：其一，企业履行社会责任后向利益相关者传递的积极有利的信号可以提升公司的声誉，进一步地该声誉效应扩散引起的媒体关注及互动，不断地向外界展示企业的社会责任表现，企业的社会声誉将会得以提升，因此企业履行社会责任本身可以为企业积累声誉（Lin-Hi，Blumberg，2018）；其二，扶贫是当下我国政府推进的宏观政策甚至是国家战略，企业配合政府参与扶贫这一社会责任，同时获得了来自政府的"广告宣传"，例如国务院扶贫办专门制定的《扶贫龙头企业认定和管理制度》中强调了国家扶贫龙头企业的资格认证的标准："较好的经济效益和银行信誉，较强的辐射能力"，这样的政府认证显著提升了企业的品牌形象，使其获得政治声誉，建立了政治声誉的同时，意味着政府一定程度的"隐性担保"。政企扶贫纽带的声誉效应具体如何在短期内起到治理法律风险的作用，将是本著作路径分析的第一个要点。

三、政企扶贫纽带的监督效应

研究表明，企业进行慈善捐赠可以在短期内获得声誉资本，从而达成某些目的，例如获得更好的资源增加企业利润（Su，He，2010）、缓解融资约束（李维安、王鹏程、徐业坤，2015）、为自身其他不当行为遮丑或者用来分散和转移公众视线（高勇强、陈亚静、张云均，2012）等等。因此企业在进行慈善捐赠时，除了履行社会责任，更是一种公关战略手段。企业借助政企扶贫纽带，也可以在短期内获得社会声誉与政治声誉，但是扶贫作为国家的政策是要持续稳步推进的，企业配合政府参与扶贫并不是"一锤子买卖"。尤其在当下宏观政策由短期的"精准扶贫"转向"建立解决相对贫困的长效机制"，该政企纽带的稳定存在需要企业与政府长期配合。因此在国家战略层面，扶贫企业的资质及其在扶贫过程中所发挥的作用至关重要，中长期来看，政府会经由该政企纽带对企业予以监督管理。按照《中共中央、国务院关于打赢脱贫攻坚战的决定》的要求，扶贫龙头企业的认定条件包括"依法合规经营、建立稳定的带贫减贫机制、建立稳定的带贫减贫机制"，这直接反映出政府对长期参与扶贫企业的监督管理。面对激烈的市场竞争，企业极有可能在追求利润最大化的目标下冒着道德风险做出一些对社会及人民有危害的事情。企业的政策性道德风险是指私营企业违反政策或法制规定，或是超越政策或法制规定之外的经营活动或谋取某些特殊权利的活动，大多数体现在违背国家法律法规或国家政策条文，例如企业生产国家违禁产品或禁止的生产经营。显而易见，企业的政策性道德风险对市场的正常有序竞争起到阻碍作用，而规范市场秩序是政府的职能之一，因此政府需要强化对企业的监督与管理。部分企业的内部制度体系建设存在一定建设缺失，极易导致企业经营战略的选择失误。在这种情况下，政府的监管行为可以在一定程度上降低企业的发展风险，进而保证企业能够持续健康发展。媒体也成为生活中不可或缺的重要组成部分，舆论导向影响着人们的决策。随着国家的发展，企业数量越来越多，在市场经济的大环境下，企业希望通过各种方式来提升自己的市场地位，从而在市场上占据一席之地。为防止企业在竞争关系中出现不良行为，就需要发挥媒体的监督作用，通过信息披露、揭发违规、舆论监督等方式向公众传递大量信息，降低信息不对称，也能够实现公司治理保护公司股东利益最大化的目标。因此政企扶贫纽带能够在中长期发挥监督效应，同时吸引媒体等外界因素关注，加速企业信息传播的速度和广度，提高监管机构、分析师、投资人等对上市公司管理层行为的监督力度。政企扶贫纽带的监督效应具体如何在中长期起到治理法律风险的作用，将是本著作路径分析的第二个要点。

四、政企扶贫纽带的价值效应

企业在参与扶贫项目的初期很可能是亏损的，但是建立扶贫长效机制的关键就在于企业依托其主营业务，利用其资金、技术、平台等优势，搭建市场平台、营销渠道，将扶贫项目形成产业链，实现可持续发展；同时辅以政府各个方面给予的政策倾斜，长期来看是将政府支持与市场化经营结合，能够为企业带来收益。因此，政企扶贫纽带能够在长期实现价值效应，尤其伴随着国家 2020 年起推行的"扶贫长效机制"，政企合作的扶贫模式必将走向可持续发展之路，企业经由政企扶贫纽带实现价值效应将是企业持续扶贫的源动力。据统计，经济纠纷类诉讼中，约有 1/3 的案件是银行作为原告方起诉企业违反借款合同、贷款合同或者担保合同等，而企业的盈利能力直接决定其偿债能力。配合政府参与的扶贫项目，在政府政策的大力支持下将会逐渐成为盈利项目，进而提升企业的盈利能力。这将从本质上提升企业的竞争力，不仅是加强企业偿债能力，优化企业的资产结构，更能够在长期促进企业的可持续发展。企业生命周期理论指出，每个公司的存在是有限度的。数据显示，在中国只有集团公司的平均寿命能达到 7.5 年，更多中小企业的平均寿命则只有 2.9 年，如何实现可持续发展是每个企业需要思考的问题。许多学者也通过实证分析法证实了盈利能力与企业可持续发展能力正相关且显著。企业若想要在激烈的市场中生存或者发展得更好，必须具有持续盈利能力。优良的盈利能力能够使企业在财务政策方面随机应变，可以较好地控制企业风险并且无须过度考虑企业债务过度问题，进一步促使企业能够在现有领域或即将进入领域内稳固自身地位，保持优势，增强行业竞争能力，从而推动企业的可持续发展。政企扶贫纽带的价值效应具体如何在长期起到治理法律风险的作用，将是本章路径分析的第三个要点，这也是最新"长效扶贫"的政策背景下，本著作将重点关注的影响路径。

本章小结

图 4-1 描述了政企扶贫纽带如何对企业的法律风险发挥治理效用。

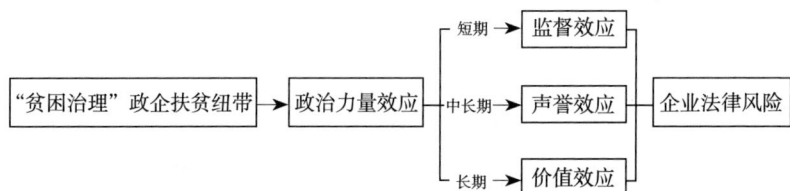

图 4-1　政企扶贫纽带对企业法律风险的治理路径

本章基于社会资本理论、资源基础理论、资源依赖理论等经典理论，分析企业通过配合政府参与扶贫获得的政治资本，即该政企扶贫纽带的政治力量效应，进而研究政企扶贫纽带的政治力量效应是否可以快速衍生的声誉效应、中长期形成的监督效应，以及长期构建的价值效应。通过构建实证模型，证明了政企扶贫纽带确实可以发挥监督效应、声誉效应和价值效应，打开了政企扶贫纽带对企业法律风险治理机制的治理路径。

第五章

政企扶贫纽带对企业法律风险的治理效果

一、政企扶贫纽带对企业法律风险治理效果的理论分析

从 2013 年年底起，"精准扶贫"国策已实施六年，早已上升为国家战略。而自 2020 年起我国扶贫战略的转换，通过短期的"精准扶贫"消除绝对贫困后，转向长期建立"解决相对贫困的长效机制"。同时，自 2014 年起我国的社会主义法治体系建设与推进持续进行，企业在国家司法体制改革的进程中面临诸多不确定性，治理法律风险至关重要。本著作将结合不同类型政企扶贫纽带的存续性特征以及政企扶贫纽带发挥治理效应的机制，进一步分析政企扶贫纽带对企业法律风险的治理效果。

政企扶贫纽带为企业带来了政治资本，政府给予扶贫企业的各项政策倾斜、企业通过该政企纽带获得的政治资源和政府的隐性担

保等，均是政治力量效应的来源。政治力量效应将在短时间内迅速衍生出声誉效应，但是仅仅依靠声誉效应发挥对企业法律风险的治理，可谓"治标不治本"。企业如果是短视性的投入扶贫，甚至是仅在企业面临高法律风险时短暂地进行公益性扶贫、面向贫困区进行慈善捐赠等，多是企业化解危机的公关战略，通过转移公众注意力、赢得公众好感来缓解声誉压力（Campbell，2007；戴亦一、彭镇、潘越，2016；Hogarth，Hutchinson，Scaife，2018），并通过短期内建立的政治声誉向利益相关者传递利好信号，增强投资者信心、获得债权人信任，减少或延缓企业面临的法律风险，实现对法律风险的事后控制，起到短效的治理效用。

政企扶贫纽带的政治力量效应，将随着存续时间的加长逐渐发挥其监督效应，政府对扶贫企业"依法合规"的严格要求、媒体及公众对扶贫企业的关注及反馈、监管机构的跟进与监督均会向企业施加压力，降低其违规操作引发诉讼纠纷和监管处罚的可能性，即政企扶贫纽带在中长期的监督效应能够起到治理效用，从源头上降低企业违法违规违约的可能性，实现企业法律风险的事前控制，起到长效但是被动的治理效用。

从"精准扶贫"国家战略开始，"政府—企业—贫困体"这一扶贫模式逐渐建立，解决"绝对贫困"后，2020 年起国家扶贫策略转向长效的"相对贫困"解决机制，因此"政府—企业—贫困体"这一模式必须建立其核心驱动力：在政府主导下实现企业与贫困体的互利共赢，企业能够在长效机制中获得经济收益。政企扶贫纽带长期为企业带来价值效应，从根本上加强企业应对环境不确定性的能力，促进企业内部治理的提升，降低企业面临的法律风险，即政企扶贫纽带在长期的价值效应能够对企业的法律风险实现事前控制，起到长效并且主动的治理效用。

综上所述，本著作认为：政企扶贫纽带对企业法律风险的治理效果将随着政企纽带的存续时间逐渐加强；短期建立的声誉效应，随后可以叠加中长期逐渐建立的监督效应，进而长期可进一步叠加价值效应。进一步地，结合法律风险治理的类型（事前控制与事后控制），本著作分析政企扶贫纽带对企业法律风险的治理效果如图5-1所示。

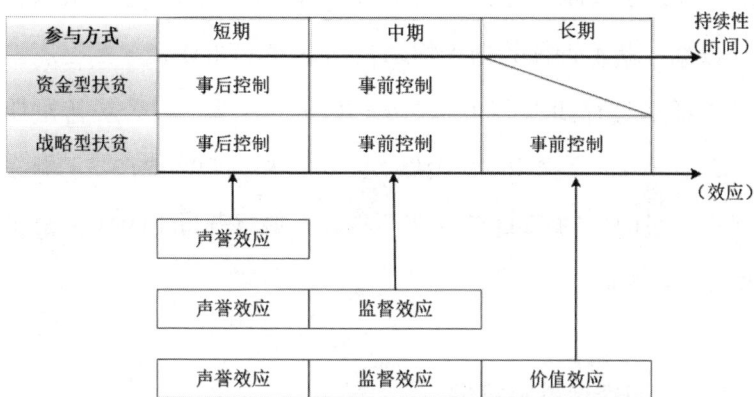

图 5-1　政企扶贫纽带对企业法律风险的治理效果

二、政企扶贫纽带对企业法律风险治理效果的实证检验

（一）研究样本选择

2016 年 9 月，中国证监会发布了《中国证监会关于发挥资本市

场作用服务国家脱贫攻坚战略的意见》，支持和鼓励上市公司履行扶贫社会责任。自 2016 年起，企业扶贫的数据开始较为完整详尽地在企业年报、社会责任报告、临时公告等处披露。因此，本著作选取 2016—2020 年 A 股非金融类上市公司为研究对象，分析政企扶贫纽带对企业法律风险的治理机制及效果。上市公司扶贫信息来自上市公司年报、半年报、社会责任报告、临时公告以及上市公司官方网站的公示信息等，整理统计上市公司扶贫投入的资金、物资、时间等；上市公司的诉讼事项来自巨潮资讯网的年报、半年报、诉讼临时公告等，手工搜集上市公司的未决诉讼涉诉事项；公司股票收益相关数据、基本特征数据等均来自国泰安（CSMAR）数据库。研究样本筛选过程如下：（1）2016—2020 年 A 股上市公司初始样本 18 745 个；（2）删除 461 个金融类上市公司的观测值；（3）删除主要研究变量缺失的 2243 个样本。本著作最终获得 16 041 个公司—年度样本观测值。

（二）研究变量及模型

1. 研究变量

（1）自变量——政企扶贫纽带

首先是政企扶贫纽带的类型：精准扶贫时期的扶贫的方式以及乡村振兴时期的合作方式，不仅能够反映政企扶贫纽带的构建形式，也能够传递企业建立政企扶贫纽带的逻辑。

本著作通过挖掘上市公司年报中"重要事项"、上市公司披露的有关扶贫实时进展的临时公告、上市公司的企业社会责任报告中扶贫信息以及上市公司官方网站的公示信息等，获取上市公司参与扶贫的方式，并拟将其分类如下：第一，企业针对性地向贫困户提供贷款帮助或者为贫困户提供贷款担保或资金支持，或者为贫困地区改善基础设施、公共资源，捐赠金钱或物资等，几乎是独立于企业经营行为的公益行为，因此将其定义为"公益型扶贫"；第二，依托企业的主营业务，利用其资金、技术、平台等优势，坚持互惠互利原则，针对性地与贫困地区的贫困农民实现对接，为贫困地区搭建市场平台、营销渠道，将政企支持与市场化经营结合，均显示出企业将经营战略与扶贫兴村布局的有机结合，因此将其定义为"战略型扶贫"。

其次是政企扶贫纽带的量化：①强度（$BOND\_str$）。通过 Python 爬虫挖掘上市公司年报中"重要事项"、上市公司披露的有关扶贫实时进展的临时公告、上市公司的企业社会责任报告中扶贫信息以及上市公司官方网站的公示信息等，整理统计上市公司扶贫投入的资金、物资，折算为总金额后，计算扶贫总金额占上市公司当年净利润的比例，来测量政企扶贫纽带强度。②持续性（$BOND\_con$）。通过 Python 爬虫挖掘上市公司年报中"重要事项"、上市公司披露的有关扶贫实时进展的临时公告、上市公司的企业社会责任报告中扶贫信息以及上市公司官方网站的公示信息等，跟踪其逐年参加扶贫的情况，计算上市公司连续参与扶贫的时间。

（2）因变量——法律风险

企业法律风险的治理可以概括为"事前控制"与"事后控制"："事前控制"是指降低企业发生违法违约事件的可能性；"事后控制"是指在企业已经发生了违法违约的事件，降低其被起诉的可能性。

因此在法律风险的测量中也要区分"发生违法违约的可能性"与"违法违约行为被处罚的可能性"。

①"发生违法违约的可能性",本著作使用 Kim, Skinner（2012）提出的模型 2 来进行测算。该模型在预测法律风险时,专门避免了直接引发诉讼事件的变量,进而可以更好地测算事前法律风险（Ex-ante risk）。模型设置如下:

$$Ex\text{-}ante\ risk = \beta_0 + \beta_1（FPS_t）+ \beta_2（LNASSESTS_{t-1}）+$$
$$\beta_3（SALES\ GROWTH_{t-1}）+ \beta_4（RETURN_t）+$$
$$\beta_5（RETURN\ SKEWNESS_t）+ \beta_6（RETURN\ STD\ DEV_t）+$$
$$\beta_7（TURNOVER_t）+ \varepsilon$$

其中,*FPS* 代表法律风险整体较高的行业（例如:高新技术行业）,*LNASSESTS* 代表企业的总资产,*SALES GROWTH* 代表销售增长率;以及许多基于股票收益的测量值［异常收益（*RETURN*）、收益波动率（*RETURN SKEWNESS*）、收益偏度（*RETURN STD DEV*）和股票周转率（*TURNOVER*）］,旨在捕获潜在的市场风险。

②"违法违约行为被处罚的可能性",即事后法律风险（Ex-post risk）,本著作利用诉讼风险测量。测量指标设置如下:首先,采用 0-1 变量标识上市公司在某一会计年度是否涉诉,如果上市公司在某一会计年度涉及诉讼案件,公司的样本—年度观测值取 1,否则为 0。其次,统计上市公司在某一会计年度涉及诉讼案件的总次数和总的涉案金额,可以进一步测量诉讼风险的严重程度。

（3）中介变量——声誉、监督、价值

①声誉（REPU）:参照宋献中等（2017）的研究,本著作逐年搜索和整理了《财富》（中文版）样本区间"最受尊敬的中国公司"

排行榜数据，选用行业榜作为企业声誉的评判标准，具体定义为：若公司当年入选《财富》（中文版）"最受赞赏的中国公司"行业榜，则对 REPU 取值为 1，否则取值为 0。

②监督（*SUPV*）：新闻媒体的关注能够对上市公司产生监督效应，发挥外部治理作用。采用某一会计年度媒体对上市公司的报道次数衡量媒体关注发挥监督效应的强度，取值为 ln（媒体报道次数 +1）。

③价值（*VALUE*）：参照李正（2006）、郑国坚等（2014）等研究，采用托宾 Q 值（TobinQ）测量企业价值。取值等于市场价值除以期末总资产，其中市场价值等于股权市值与净债务市值之和，非流通股权市值用净资产代替计算。

（4）控制变量

当因变量为事前法律风险（*Ex-ante risk*）时，风险测量模型捕获了行业风险与市场风险，公司的基本面数据和内外部治理因素会影响其事前法律风险；当因变量为事后法律风险（*Ex-post risk*）时，公司的基本面数据和内外部治理因素也是主要影响因素。为了控制基本面信息情况，本著作选取了以下控制变量：账面市值比（*BM*）、公司资产负债率（*LEV*）、现金持有情况（*Cash*）、公司业绩（*ROA*）、公司是否亏损（*Loss*）；为了控制公司内部治理情况，本著作选取了以下控制变量：公司股权集中度（*OWNCON*）、公司产权性质（*SOE*）、两职合一情况（*Dual*）、公司内部控制质量（*IC*）；为了控制公司外部治理情况，本著作还将分析师跟进的数量（*Analyst*）、审计意见类型（*AudOpn*）纳入考虑。此外，当被解释变量为事后法律风险时，还将公司规模（*Size*）予以控制。在进行回归分析时，还将控制年度固定效应（*Year*）和公司固定效应（*Firm*）。为避免异常值影响，本著作对所有连续变量进行 1% 缩尾处理。本著作所有变量的定义及测量见表 5-1。

表 5-1　变量定义表

变量类型	变量符号	变量定义
被解释变量	*Ex-ante risk*	事前法律风险。使用 Kim，Skinner（2012）提出的模型 2 来进行测算。测算的指标值越大，事前法律风险越高
	Ex-post risk	事后法律风险。使用诉讼风险进行测算：公司当年是否存在诉讼事项，存在取值为 1，不存在取值为 0；统计上市公司在某一会计年度涉及诉讼案件的总次数和总的涉案金额，进一步反映诉讼风险的严重程度
解释变量	*SBOND_str*	战略型政企扶贫纽带强度。整理统计上市公司战略型扶贫投入的资金、物资，折算为总金额后，计算战略型扶贫总金额占上市公司当年总资产的比例
	SBOND_con	战略型政企扶贫纽带持续性。若上市公司战略型扶贫持续两年及以上，则取值为 1，否则为 0
	CBOND_str	公益型政企扶贫纽带强度。整理统计上市公司公益型扶贫投入的资金、物资，折算为总金额后，计算公益型扶贫总金额占上市公司当年总资产的比例
	CBOND_con	公益型政企扶贫纽带持续性。若上市公司公益型扶贫持续两年及以上，则取值为 1，否则为 0
中介变量	*REPU*	企业声誉。若公司当年入选《财富》（中文版）"最受赞赏的中国公司"行业榜，则对 REPU 取值为 1，否则取值为 0
	SUPV	外部监督。采用某一会计年度媒体对上市公司的报道次数衡量媒体关注发挥监督效应的强度，取值为 ln（媒体报道次数 +1）
	VALUE	企业价值。采用托宾 Q 值（TobinQ）测量企业价值，即市场价值除以期末总资产，其中市场价值等于股权市值与净债务市值之和，非流通股权市值用净资产代替计算

续表

变量类型	变量符号	变量定义
控制变量	BM	公司账面市值比。取值为：资产总计／市值
	LEV	公司的资产负债率。取值为：总负债／总资产
	Cash	公司的现金持有情况。取值为：公司现金持有／总资产
	ROA	公司业绩。以总资产收益率来表示，取值为：净利润／总资产
	Loss	公司是否亏损。公司当年发生亏损则取值为 1，否则为 0
	OWNCON	公司的股权集中度。公司前三大股东持股比例的比值
	SOE	公司的产权性质。国有企业取值为 1，否则为 0
	Dual	公司两职分离情况。如果公司的董事长与总经理是同一人则取值为 1，否则为 0
	IC	公司的内控质量。采用国泰安数据库提供的"企业内部控制是否存在缺陷"，存在缺陷取值为 1，不存在则取值为 0
	Analyst	公司跟进的分析师数量。取值为 ln（跟进的分析师数量 +1）
	AudOpn	审计意见的虚拟变量。非标准审计意见取值为 1，否则为 0
	Size	公司规模。以公司年末总资产的自然对数表示
	Year	年度虚拟变量
	Firm	公司虚拟变量

（三）研究模型

基于本著作的研究对象和所选取对应的控制变量，设置回归模型如下。

1. 声誉机制（H1）：政企扶贫纽带→声誉效应→企业法律风险

$$REPU=\beta_0+\beta_1 BOND+\beta_2 ROA+\beta_3 Loss+\beta_4 SOE+\beta_5 Analyst+$$
$$\beta_6 AudOpn+YearFE+FirmFE+\varepsilon \qquad (5-1)$$

$$Ex\text{-}ante\ risk\ /\ Ex\text{-}post\ risk=\alpha_0+\alpha_1 BOND+\alpha_2 REPU+\alpha_3 MB+\alpha_4 LEV+$$
$$\alpha_5 Cash+\alpha_6 ROA+\alpha_7 Loss+\alpha_8 OWNCON+\alpha_9 SOE+\alpha_{10}Dual+$$
$$\alpha_{11}IC+\alpha_{12}Analyst+\alpha_{13}AudOpn+YearFE+$$
$$FirmFE+\varepsilon \qquad (5-2)$$

所有变量定义同上文所述。首先用式（5–1）（模型5–1）检验政企扶贫纽带对企业声誉的影响，然后用式（5–2）（模型5–2）检验政企扶贫纽带和企业声誉共同对法律风险的作用。通过这一组模型完成企业声誉的中介效应检验，进而分析政企扶贫纽带对企业法律风险的影响机制。

2. 监督机制（H2）：政企扶贫纽带→监督效应→企业法律风险

$$SUPV=\beta_0+\beta_1 BOND+\beta_2 Size+\beta_3 ROA+\beta_4 Loss+\beta_5 SOE+\beta_6 Fraud+$$
$$\beta_7 AudOpn+YearFE+FirmFE+\varepsilon \qquad (5-3)$$

$$Ex\text{-}ante\ risk\ /\ Ex\text{-}post\ risk=\alpha_0+\alpha_1 BOND+\alpha_2 SUPV+\alpha_3 MB+\alpha_4 LEV+$$
$$\alpha_5 Cash+\alpha_6 ROA+\alpha_7 Loss+\alpha_8 OWNCON+\alpha_9 SOE+\alpha_{10}Dual+$$
$$\alpha_{11}IC+\alpha_{12}Analyst+\alpha_{13}AudOpn+YearFE+$$
$$FirmFE+\varepsilon \qquad (5-4)$$

其中，监督作为因变量时有一自变量为企业是否在当年违规被处罚（Fraud），若违规被处罚则取值为1，否则为0。其他变量定义同上文所述。首先用式（5–3）（模型5–3）检验政企扶贫纽带对监督情况的影响，而后用式（5–4）（模型5–4）检验政企扶贫纽带和监督情况共同对法律风险的作用。通过这一组模型完成监督的中介效应检验，进而分析政企扶贫纽带对企业法律风险的影响机制。

3. 价值机制（H3）：政企扶贫纽带→价值效应→企业法律风险

$$VALUE=\beta_0+\beta_1BOND+\beta_2Size +\beta_3LEV +\beta_4SOE +\beta_5Growth+$$
$$\beta_6TOP1+YearFE+FirmFE+\varepsilon \qquad (5\text{-}5)$$

$$Ex\text{-}ante\ risk\ /\ Ex\text{-}post\ risk =\alpha_0+\alpha_1BOND+\alpha_2VALUE +\alpha_3MB +\alpha_4LEV+$$
$$\alpha_5Cash+\alpha_6ROA +\alpha_7Loss +\alpha_8OWNCON +\alpha_9SOE +\alpha_{10}Dual+$$
$$\alpha_{11}IC +\alpha_{12}Analyst+\alpha_{13}AudOpn +YearFE+$$
$$FirmFE+\varepsilon \qquad (5\text{-}6)$$

其中，企业作为因变量时，有自变量为企业的成长性，利用企业销售收入增长率进行测量；还有第一大股东持股比例。其他变量定义同上文所述。首先用式（5-5）（模型5-5）检验政企扶贫纽带对企业价值的影响，而后用式（5-6）（模型5-6）检验政企扶贫纽带和企业价值共同对法律风险的作用。通过这一组模型完成企业价值的中介效应检验，进而分析政企扶贫纽带对企业法律风险的影响机制。

（四）实证结果分析

1. 描述性统计

为了防止极值影响结果的普适性，本著作对所有连续变量均在上下1%的水平进行缩尾处理，各个变量的描述性统计见表5-2。根据Kim，Skinner（2012）提出的模型2测算的事前法律风险 *Ex-ante risk* 的均值为2.4943；用于测量事后法律风险的诉讼风险是虚拟变量，*Ex-post risk* 的均值为0.2796，即接近28%的样本公司存在诉讼，判定为具有较高的事后法律风险。*CBOND_str* 与 *SBOND_str* 的值都较小，也体现了上市公司均是在力所能及的范围内履行扶贫社会责任，公益型扶贫或战略型扶贫的投入力度占净利润的比例都较小；*CBOND_con* 的均值为 0.0879，即接近 8.79% 的样本公司公益型扶贫具有持续性；*SBOND_con* 的均值为 0.1626，即 16.26% 的样本公司战略型扶贫具有持续性，显著高于公益型扶贫。

表 5-2 变量描述性统计

变量	样本量	均值	标准差	最小值	最大值
Ex-ante risk	16 041	2.4943	4.5589	−27.2344	19.0045
Ex-post risk	16 041	0.2796	0.4488	0.0000	1.0000
CBOND_str	16 041	2.78E−06	0.0001	0.0000	0.0126
CBOND_con	16 041	0.0879	0.2831	0.0000	1.0000
SBOND_str	16 041	4.49E−05	0.0050	0.0000	0.5650
SBOND_con	16 041	0.1626	0.3691	0.0000	1.0000
REPU	16 041	0.0143	0.1187	0.0000	1.0000
SUPV	16 041	2.1761	2.4185	0.0000	5.2040
VALUE	16 041	1.9767	1.2836	0.8386	9.0930
BM	16 041	0.6388	0.2555	0.0108	1.4625
LEV	16 041	0.4126	0.1942	0.0604	0.9079
Cash	16 041	0.0549	0.0754	−0.7443	2.2216
ROA	16 041	0.0707	0.1327	−1.5370	0.3299
Loss	16 041	0.0523	0.2227	0.0000	1.0000
OWNCON	16 041	48.5756	15.0590	5.6333	96.9400
SOE	16 041	0.3108	0.4628	0.0000	1.0000
Dual	16 041	0.2935	0.4554	0.0000	1.0000

续表

变量	样本量	均值	标准差	最小值	最大值
IC	16 041	0.3480	0.4763	0.0000	1.0000
AudOpn	16 041	0.0292	0.1684	0.0000	1.0000
Analyst	16 041	1.4427	1.2289	0.0000	4.3307
Size	16 041	22.3804	1.3328	17.7785	28.5427

2. 回归结果分析

（1）政企扶贫纽带对企业法律风险的作用

在验证政企扶贫纽带对企业法律风险的治理机制之前，首先检验不同类型的政企扶贫纽带（公益型、战略型）对企业法律风险的治理效果见表5-3。列①、②分别是公益型政企扶贫纽带的强度对事前法律风险的治理、对事后法律风险的控制；列③、④分别是公益型政企扶贫纽带的持续性对事前法律风险的治理、对事后法律风险的控制；列⑤—⑧则是战略型政企扶贫纽带的强度、持续性对事前法律风险的治理、对事后法律风险的控制。列①—④显示，公益型政企扶贫纽带的强度或者持续性都是对事后法律风险有显著的治理作用，即降低了企业被诉讼的可能性，然而公益型政企扶贫纽带对事前法律风险没有显著治理效果，并未降低企业发生违法违约事件的可能性。列⑤—⑧显示，战略型政企扶贫纽带的强度或者持续性对事前法律风险和事后法律风险都有显著的治理作用，不仅降低了企业被诉讼的可能性，也降低了企业发生违法违约事件的可能性。由此可见，两类政企扶贫纽带均对企业法律风险起到了治理作用，但是发挥作用的范围有所区分，有待进一步探索治理机制。

表 5-3　政企扶贫纽带对企业法律风险的治理效果

Variables	公益型政企扶贫纽带				战略型政企扶贫纽带			
	① Ex-ante risk	② Ex-post risk	③ Ex-ante risk	④ Ex-post risk	⑤ Ex-ante risk	⑥ Ex-post risk	⑦ Ex-ante risk	⑧ Ex-post risk
CBOND_str	22.26 (0.32)	-1.787** (-2.53)						
CBOND_con			-0.017 (-1.30)	-0.751** (-2.22)				
SBOND_str					-12.68*** (-3.08)	-1.890** (-2.50)		
SBOND_con							-1.043* (-1.70)	-0.501** (-2.44)
BM	1.042 (0.38)	0.157*** (5.33)	1.552 (0.56)	0.159*** (5.39)	1.042 (0.38)	0.156*** (5.30)	1.244 (0.45)	0.155*** (5.27)
LEV	4.514* (1.88)	0.216*** (3.85)	4.586* (1.90)	0.210*** (3.75)	4.528* (1.89)	0.215*** (3.84)	4.470* (1.87)	0.217*** (3.86)
Cash	-5.118*** (-2.86)	-0.191*** (-3.16)	-4.888*** (-2.82)	-0.193*** (-3.20)	-5.123 (-0.86)	-0.191*** (-3.16)	-5.059*** (-2.85)	-0.191*** (-3.16)
ROA	-4.952*** (-12.52)	-0.070** (-2.17)	-4.958*** (-12.54)	-0.081** (-2.20)	-4.952*** (-12.52)	-0.074** (-2.18)	-4.952*** (-12.52)	-0.068** (-2.17)
Loss	14.76*** (6.95)	0.014*** (2.68)	14.73*** (6.94)	0.014*** (2.69)	14.76*** (6.96)	0.014*** (2.68)	14.75*** (6.95)	0.013** (2.52)
OWNCON	-0.092 (-1.03)	0.002** (2.54)	-0.097 (-1.08)	0.003** (2.50)	-0.092 (-1.03)	0.002** (2.53)	-0.093 (-1.04)	0.002** (2.54)

续表

Variables	公益型政企扶贫纽带				战略型政企扶贫纽带			
	① Ex-ante risk	② Ex-post risk	③ Ex-ante risk	④ Ex-post risk	⑤ Ex-ante risk	⑥ Ex-post risk	⑦ Ex-ante risk	⑧ Ex-post risk
SOE	0.124	0.004	0.106	0.003	0.110	0.010	0.101	0.009
	(0.22)	(1.44)	(0.79)	(1.40)	(0.35)	(1.50)	(0.69)	(1.21)
Dual	0.161**	-0.006	0.117**	-0.006	0.161**	-0.006	0.145**	-0.005
	(2.11)	(-0.38)	(2.08)	(-0.41)	(2.11)	(-0.38)	(2.10)	(-0.37)
IC	0.393	0.052***	0.382	0.051***	0.392	0.052***	0.399	0.050***
	(1.24)	(3.31)	(1.23)	(3.30)	(1.24)	(3.31)	(1.24)	(3.31)
AudOpn	6.750**	0.0794***	6.774**	0.0794***	6.756**	0.0790***	6.756**	0.0795***
	(2.48)	(2.89)	(2.49)	(2.89)	(2.48)	(2.87)	(2.48)	(2.89)
Analyst	-0.798**	-0.015**	-0.797**	-0.015**	-0.799**	-0.015**	-0.791**	-0.015**
	(-2.32)	(-2.40)	(-2.32)	(-2.43)	(-2.33)	(-2.39)	(-2.31)	(-2.39)
Size	-	-0.120***	-	-0.117***	-	-0.121***	-	-0.121***
	-	(-8.16)	-	(-7.79)	-	(-8.17)	-	(-8.16)
Firm FE	控制	控制	控制	控制	控制	控制	控制	控制
Year FE	控制	控制	控制	控制	控制	控制	控制	控制
Constant	2.690	2.684***	2.841	2.614***	2.682	2.686***	2.733	2.703***
	(0.51)	(8.34)	(0.54)	(7.99)	(0.51)	(8.35)	(0.52)	(8.35)
R^2	0.0594	0.1260	0.0539	0.0668	0.0493	0.1200	0.0538	0.0921
N	16041	16041	16041	16041	16041	16041	16041	16041

注:***、**、* 表示显著性水平分别小于 1%、5%、10%,下同。

（2）政企扶贫纽带的声誉机制

政企扶贫纽带能够通过声誉机制对企业法律风险发挥治理功能，因此通过模型 5-1、5-2 的回归检验企业声誉的中介效应，结果列示于表 5-4 和表 5-5。表 5-4 列示了政企扶贫纽带对企业声誉的作用效果：列①、②显示，公益型政企扶贫纽带的强度和持续性都与企业声誉显著正相关，即公益型扶贫确实能够提升企业声誉；列③、④显示，战略型政企扶贫纽带的强度和持续性都与企业声誉显著正相关，即战略型扶贫确实能够提升企业声誉。表 5-5 列示了政企扶贫纽带通过声誉机制治理企业法律风险的效果：列①—④展示了公益型政企扶贫纽带通过声誉机制治理企业事前法律风险和事后法律风险的效果：企业声誉起到了部分中介的作用——能够对企业事后法律风险产生显著的抑制作用，但是对企业的事前法律风险的控制作用并不显著。列⑤—⑧展示了战略型政企扶贫纽带通过发挥声誉效应对企业事前法律风险和事后法律风险的治理效果：不论是以纽带的强度还是持续性衡量，战略型政企扶贫纽带能够通过声誉机制降低企业被起诉的可能性，但并不能通过声誉机制减少企业违法违约事件发生的可能性。

总之，不论是以纽带的强度还是持续性衡量，公益型政企扶贫纽带和战略型政企扶贫纽带均能够提升企业声誉，并通过声誉机制降低企业被起诉的可能性（事后法律风险），但并不能通过声誉机制减少企业违法违约事件发生的可能性（事前法律风险）。值得注意的是，战略型政企扶贫纽带能够在一定程度治理企业违法违约事件发生的可能性（事前法律风险），但并不是通过声誉机制。

表 5-4　政企扶贫纽带对企业声誉的影响

变量	① REPU	② REPU	③ REPU	④ REPU
CBOND_str	0.013**			
	(2.01)			
CBOND_con		0.002**		
		(2.39)		
SBOND_str			0.160***	
			(3.03)	
SBOND_con				0.012**
				(2.33)
ROA	0.709***	0.706***	0.710***	0.709***
	(4.88)	(4.19)	(3.91)	(4.88)
Loss	−0.293***	−0.290***	−0.293***	−0.292***
	(−3.67)	(−3.67)	(−3.65)	(−3.61)
SOE	0.221	0.220	0.104	0.112
	(1.91)	(1.92)	(1.80)	(1.87)
Analyst	0.017*	0.016*	0.009	0.011*
	(1.74)	(1.72)	(1.60)	(1.69)
AudOpn	−0.257**	−0.256**	−0.230**	−0.236**
	(−2.47)	(−2.43)	(−2.42)	(−2.37)
Firm FE	控制	控制	控制	控制
Year FE	控制	控制	控制	控制
Constant	0.0126***	0.0128***	0.0126***	0.0127***
	(6.67)	(6.53)	(6.67)	(6.62)
R^2	0.059	0.059	0.058	0.059
N	16041	16041	16041	16041

表5-5 政企扶贫纽带通过声誉机制治理企业法律风险的效果

变量	公益型政企扶贫纽带				战略型政企扶贫纽带			
	① Ex-ante risk	② Ex-post risk	③ Ex-ante risk	④ Ex-post risk	⑤ Ex-ante risk	⑥ Ex-post risk	⑦ Ex-ante risk	⑧ Ex-post risk
CBOND_str	14.97 (0.29)	-1.048** (-2.53)						
CBOND_con			-0.177 (-1.41)	-0.217** (-2.29)				
SBOND_str					-12.56** (-2.31)	-1.288** (-2.36)		
SBOND_con							-0.917** (-2.04)	-0.225** (-2.20)
REPU	0.534 (1.14)	-0.057*** (-3.12)	0.533 (1.14)	-0.046** (-2.11)	0.534 (1.14)	-0.040* (-1.82)	0.520 (1.21)	-0.044*** (-2.72)
BM	0.681*** (2.67)	0.157*** (5.35)	0.735*** (2.86)	0.159*** (5.41)	0.683*** (2.68)	0.157*** (5.33)	0.684*** (2.66)	0.156*** (5.29)
LEV	2.521** (2.14)	0.216*** (3.86)	2.506** (2.11)	0.211*** (3.75)	2.562** (2.12)	0.215*** (3.84)	2.566** (2.12)	0.217*** (3.86)
Cash	-1.231** (-2.20)	-0.191*** (-3.16)	-1.209** (-2.17)	-0.193*** (-3.19)	-1.234** (-2.21)	-0.191*** (-3.16)	-1.233** (-2.21)	-0.191*** (-3.15)
ROA	-1.148*** (-3.10)	-0.065*** (-3.16)	-1.149*** (-3.12)	-0.076*** (-3.19)	-1.150*** (-3.09)	-0.069*** (-3.17)	-1.138*** (-3.08)	-0.063*** (-3.15)
Loss	8.269*** (4.73)	0.014* (2.40)	8.266*** (4.70)	0.012** (2.46)	8.269*** (4.72)	0.013** (2.41)	8.269*** (4.72)	0.013** (2.45)

续表

变量	公益型政企扶贫纽带				战略型政企扶贫纽带			
	①	②	③	④	⑤	⑥	⑦	⑧
	Ex-ante risk	Ex-post risk	Ex-ante risk	Ex-post risk	Ex-ante risk	Ex-post risk	Ex-ante risk	Ex-post risk
OWNCON	-0.014	0.002**	-0.057	0.003**	-0.083	0.002**	-0.096	0.002**
	(-0.02)	(2.53)	(-0.07)	(2.50)	(-0.01)	(2.53)	(-0.01)	(2.53)
SOE	0.120	0.005	0.103	0.004	0.110	0.012	0.143	0.005
	(0.20)	(1.44)	(0.77)	(1.30)	(0.34)	(1.52)	(0.75)	(1.01)
Dual	0.323**	-0.005	0.319**	-0.006	0.323**	-0.006	0.323**	-0.005
	(2.40)	(-0.38)	(2.37)	(-0.41)	(2.40)	(-0.38)	(2.40)	(-0.38)
IC	0.400	0.069***	0.370	0.051***	0.377	0.049***	0.396	0.012***
	(1.38)	(3.50)	(1.23)	(3.30)	(1.10)	(3.27)	(1.44)	(3.46)
AudOpn	6.221**	0.072***	6.713**	0.068***	6.722**	0.081***	6.743**	0.080***
	(2.39)	(2.90)	(2.51)	(3.10)	(2.25)	(2.87)	(2.36)	(2.78)
Analyst	-0.797**	-0.020**	-0.785**	-0.017**	-0.789**	-0.021**	-0.791**	-0.020**
	(-2.32)	(-2.38)	(-2.36)	(-2.42)	(-2.40)	(-2.25)	(-2.30)	(-2.41)
Size		-0.154***		-0.129***		-0.135***		-0.154***
		(-7.77)		(-7.64)		(-8.53)		(-8.21)
Firm FE	控制	控制	控制	控制	控制	控制	控制	控制
Year FE	控制	控制	控制	控制	控制	控制	控制	控制
Constant	1.691***	2.692***	1.701***	2.622***	1.685***	2.694***	1.685***	2.712***
	(3.44)	(8.37)	(3.46)	(8.01)	(3.43)	(8.37)	(3.43)	(8.37)
R²	0.0601	0.1279	0.0568	0.0700	0.0501	0.1239	0.0548	0.0955
N	16041	16041	16041	16041	16041	16041	16041	16041

（3）政企扶贫纽带的监督机制

政企扶贫纽带能够通过监督机制对企业法律风险发挥治理功能，因此通过模型 5-3、5-4 的回归检验企业声誉的中介效应，结果列示于表 5-6 和表 5-7。表 5-6 列示了政企扶贫纽带对外部监督的作用效果：列①、②显示，公益型政企扶贫纽带与外部监督显著正相关；列③、④显示，战略型政企扶贫纽带的强度和持续性都与外部监督显著正相关，即政企扶贫纽带确实能够加强外部媒体关注，进而发挥对企业的监督机制。表 5-7 展示了两类政企扶贫纽带通过发挥监督效应对企业事前法律风险和事后法律风险的治理效果：不论是以纽带的强度还是持续性衡量，公益型和战略型政企扶贫纽带能够通过监督机制降低企业被起诉的可能性（事后法律风险），但仅有战略型政企扶贫纽带通过监督机制减少企业违法违约事件发生的可能性（事前法律风险）。

表 5-6　政企扶贫纽带对外部监督的影响

变量	① SUPV	② SUPV	③ SUPV	④ SUPV
CBOND_str	0.392**			
	(1.99)			
CBOND_con		0.114*		
		(1.80)		
SBOND_str			1.291**	
			(2.24)	
SBOND_con				0.015**
				(1.99)

续表

变量	① SUPV	② SUPV	③ SUPV	④ SUPV
Size	0.129*	0.104*	0.121	0.100
	（1.75）	（1.69）	（1.49）	（1.40）
ROA	−0.080	−0.077	−0.081	−0.070
	(−1.40)	(−1.51)	(−1.27)	(−1.52)
Loss	0.046**	0.045**	0.046**	0.046**
	(2.04)	(2.02)	(2.04)	(2.04)
SOE	0.030*	0.012*	0.032*	0.011*
	(1.84)	(1.88)	(1.72)	(−1.70)
Fraud	0.058**	0.058**	0.059**	0.058**
	(2.50)	(2.48)	(2.53)	(2.48)
AudOpn	0.077***	0.077***	0.076***	0.077***
	(2.72)	(2.72)	(2.69)	(2.72)
Constant	0.186***	0.183***	0.186***	0.184***
	(36.74)	(33.10)	(36.75)	(34.80)
Firm FE	控制	控制	控制	控制
Year FE	控制	控制	控制	控制
R^2	0.100	0.100	0.110	0.110
N	16041	16041	16041	16041

表 5-7 政企扶贫纽带通过监督机制治理企业法律风险的效果

变量	公益型政企扶贫纽带				战略型政企扶贫纽带			
	① Ex-ante risk	② Ex-post risk	③ Ex-ante risk	④ Ex-post risk	⑤ Ex-ante risk	⑥ Ex-post risk	⑦ Ex-ante risk	⑧ Ex-post risk
CBOND_str	-6.15 (-1.29)	-1.254** (-2.48)						
CBOND_con			-0.099 (-1.41)	-0.388** (-2.11)				
SBOND_str					-11.02** (-2.34)	-1.047** (-2.49)		
SBOND_con							-0.438* (-1.73)	-0.340** (-2.42)
SUPV	-0.016* (-1.70)	-0.089*** (-2.76)	-0.028* (-1.80)	-0.039** (-2.00)	-0.271** (-2.31)	-0.019*** (-2.83)	-0.269** (-2.31)	-0.018*** (-2.81)
BM	0.600** (2.52)	0.148*** (3.26)	0.711*** (2.77)	0.138*** (5.01)	0.673 (0.64)	0.155*** (5.29)	0.675 (0.63)	0.155*** (5.26)
LEV	2.104** (2.02)	0.187*** (3.21)	2.533** (2.00)	0.250** (3.00)	3.704** (2.15)	0.214** (3.81)	3.071** (2.09)	0.215*** (3.83)
Cash	-1.200** (-2.01)	-0.180*** (-3.05)	-1.187** (-2.22)	-0.166*** (-3.21)	-1.252** (-2.24)	-0.190*** (-3.14)	-1.251** (-2.24)	-0.190*** (-3.13)
ROA	-1.059*** (-2.90)	-0.052** (-2.40)	-1.144*** (-3.02)	-0.088** (-2.89)	-1.147*** (-3.15)	-0.082** (-2.20)	-1.099*** (-3.16)	-0.075** (-2.19)
Loss	8.211*** (4.70)	0.020** (2.45)	8.235*** (4.10)	0.033** (2.14)	8.23*** (4.74)	0.015** (2.50)	8.27*** (4.80)	0.013** (2.52)

续表

变量	公益型政企扶贫纽带				战略型政企扶贫纽带			
	①	②	③	④	⑤	⑥	⑦	⑧
	Ex-ante risk	Ex-post risk	Ex-ante risk	Ex-post risk	Ex-ante risk	Ex-post risk	Ex-ante risk	Ex-post risk
OWNCON	-0.022	0.005**	-0.039	0.004**	-0.013	0.003**	-0.016	0.002**
	(-0.10)	(2.50)	(-0.15)	(2.42)	(-0.02)	(2.53)	(-0.02)	(2.53)
SOE	0.133	0.009	0.109	0.008	0.133	0.021	0.121	0.008
	(0.28)	(1.47)	(0.70)	(1.40)	(0.44)	(1.09)	(0.73)	(1.01)
Dual	0.308**	-0.008	0.325**	-0.007	0.327**	-0.005	0.327**	-0.005
	(2.33)	(-0.39)	(2.20)	(-0.46)	(2.43)	(-0.36)	(2.43)	(-0.36)
IC	0.402	0.074***	0.365	0.066***	0.163	0.045**	0.163	0.051**
	(1.40)	(3.41)	(1.42)	(3.39)	(1.05)	(2.30)	(1.05)	(2.24)
AudOpn	6.252**	0.068***	6.754**	0.055***	0.515**	0.078***	0.512**	0.079***
	(2.44)	(2.86)	(2.48)	(2.95)	(2.02)	(2.84)	(2.01)	(2.86)
Analyst	-0.718**	-0.019**	-0.700**	-0.025**	-0.037*	-0.015**	-0.040*	-0.015**
	(-2.06)	(-2.30)	(-2.44)	(-2.11)	(-1.76)	(-2.38)	(-1.72)	(-2.38)
Size		-0.180***		-0.144***		-0.120***		-0.121***
		(-7.70)		(-7.52)		(-8.16)		(-8.15)
Firm FE	控制	控制	控制	控制	控制	控制	控制	控制
Year FE	控制	控制	控制	控制	控制	控制	控制	控制
Constant	3.006***	2.997***	1.089***	2.231***	1.700***	2.685***	1.699***	2.701***
	(4.88)	(7.25)	(3.03)	(5.22)	(3.46)	(8.34)	(3.46)	(8.34)
R^2	0.0621	0.1189	0.0577	0.0711	0.0503	0.1238	0.0551	0.0939
N	16041	16041	16041	16041	16041	16041	16041	16041

（4）政企扶贫纽带的价值机制

政企扶贫纽带能够通过价值机制对企业法律风险发挥治理功能，因此通过模型 5-5、5-6 的回归检验企业声誉的中介效应。然而基于 2016—2020 年全部样本的检验中，我们发现：无论是公益型还是战略型的政企扶贫纽带，均未发挥显著的价值效应，即两类政企扶贫纽带均未显著提升企业价值；公益型政企扶贫纽带的持续性还降低了企业价值。结果见表 5-8。

表 5-8　2016—2020 年政企扶贫纽带对企业价值的影响

变量	① VALUE	② VALUE	③ VALUE	④ VALUE
CBOND_str	3.956			
	(0.64)			
CBOND_con		−0.051*		
		(−1.72)		
SBOND_str			4.381	
			(0.81)	
SBOND_con				−0.046
				(−0.54)
Size	0.587***	0.584***	0.588***	0.589***
	(6.71)	(6.66)	(6.72)	(6.72)
LEV	−0.580*	−0.580*	−0.572*	−0.583*
	(−1.94)	(−1.94)	(−1.92)	(−1.95)
SOE	0.320	0.339	0.341	0.340
	(1.33)	(1.37)	(1.40)	(1.38)

续表

变量	① VALUE	② VALUE	③ VALUE	④ VALUE
Growth	−0.015	−0.014	−0.015	−0.015
	(−0.48)	(−0.46)	(−0.48)	(−0.48)
Top1	−0.020***	−0.020***	−0.020***	−0.021***
	(−3.58)	(−3.58)	(−3.59)	(−3.58)
Firm FE	控制	控制	控制	控制
Year FE	控制	控制	控制	控制
Constant	−10.27***	−10.20***	−10.29***	−10.30***
	(−5.23)	(−5.19)	(−5.24)	(−5.24)
R^2	0.1600	0.1600	0.1610	0.1620
N	16041	16041	16041	16041

考虑到企业从配合国家扶贫政策布局相关产业，到实现价值共创之间存在滞后性，我们仅采用2019—2020两年的子样本进行检验，结果列示于表5-9和表5-10。表5-9列示了2019—2020年政企扶贫纽带对企业价值的作用效果：列①、②显示，公益型政企扶贫纽带并未显著提升企业价值；列③、④显示，战略型政企扶贫纽带的强度和持续性都与企业价值显著正相关，即战略型政企扶贫纽带能够在一定程度上提升企业价值。表5-10列示了2019—2020年战略型政企扶贫纽带通过发挥价值效应对企业法律风险的治理效果：不论是以纽带的强度还是持续性衡量，战略型政企扶贫纽带能够通过价值机制降低企业被起诉的可能性（事后法律风险），也能通过价值机制减少企业违法违约事件发生的可能性（事前法律风险）。

　　总之，在样本期间的后两年（2019—2020年），战略型政企扶贫纽带能够在一定程度上提升企业价值，并通过价值机制降低企业被起诉的可能性（事后法律风险），减少企业违法违约事件发生的可能性（事前法律风险）；公益型政企扶贫纽带并未发挥明显价值效应，未通过价值机制治理企业法律风险。

表 5-9　2019—2020 年政企扶贫纽带对企业价值的影响

变量	① VALUE	② VALUE	③ VALUE	④ VALUE
CBOND_str	−0.200			
	(−0.13)			
CBOND_con		−0.208		
		(−1.00)		
SBOND_str			16.34**	
			(2.53)	
SBOND_con				0.097**
				(2.43)
Size	0.394***	0.382***	0.394***	0.384***
	(12.90)	(12.20)	(12.90)	(12.42)
LEV	−0.609***	−0.621***	−0.609***	−0.626***
	(−5.09)	(−5.18)	(−5.09)	(−5.22)
SOE	0.120	0.117	0.119	0.115
	(1.33)	(1.40)	(1.38)	(1.46)
Growth	0.049	0.043	0.047	0.044
	(0.39)	(0.34)	(0.39)	(0.35)
Top1	−0.006***	−0.006***	−0.005***	−0.006***
	(−2.66)	(−2.75)	(−2.67)	(−2.77)

续表

变量	① VALUE	② VALUE	③ VALUE	④ VALUE
Firm FE	控制	控制	控制	控制
Year FE	控制	控制	控制	控制
Constant	11.25***	10.99***	11.24***	11.03***
	(16.62)	(15.90)	(16.62)	(16.16)
R^2	0.0902	0.0910	0.0914	0.0916
N	8046	8046	8046	8046

表 5-10　2019—2020 年战略型政企扶贫纽带通过价值机制
治理企业法律风险的效果

变量	① Ex-ante risk	② Ex-post risk	③ Ex-ante risk	④ Ex-post risk
SBOND_str	−6.575*	−0.807*		
	(−1.85)	(−1.93)		
SBOND_con			−0.145**	−0.157**
			(−2.15)	(−2.13)
VALUE	−0.195***	−0.097***	−0.189***	−0.093***
	(−3.28)	(−3.50)	(−3.18)	(−3.44)
BM	−0.103	0.115***	−0.0392	0.119***
	(−0.30)	(2.88)	(−0.11)	(2.98)
LEV	0.084**	0.210***	0.079**	0.206***
	(2.18)	(3.74)	(2.16)	(3.66)
Cash	−1.174**	−0.194***	−1.156**	−0.196***
	(−2.10)	(−3.20)	(−2.07)	(−3.23)

续表

变量	① Ex-ante risk	② Ex-post risk	③ Ex-ante risk	④ Ex-post risk
ROA	−11.50***	−0.072**	−11.51***	−0.078***
	(−3.16)	(−3.18)	(−3.18)	(−3.19)
Loss	8.246***	0.015***	8.244***	0.015***
	(4.59)	(2.69)	(4.58)	(2.71)
OWNCON	−0.001	0.003**	−0.001	0.002**
	(−0.09)	(2.51)	(−0.14)	(2.48)
SOE	0.202	0.199	0.058	0.062
	(1.37)	(1.40)	(1.43)	(1.49.)
Dual	0.312**	−0.006	0.309**	−0.006
	(2.32)	(−0.42)	(2.30)	(−0.44)
IC	0.168	−0.053**	0.167	−0.052**
	(1.08)	(−2.32)	(1.08)	(−2.31)
AudOpn	0.493*	0.080***	0.493*	0.080***
	(1.94)	(2.89)	(1.94)	(2.91)
Analyst	−0.041*	−0.015**	−0.041*	−0.015**
	(−1.73)	(−2.45)	(−1.73)	(−2.48)
Size	−	−0.118***	−	−0.115***
	−	(−7.96)	−	(−7.62)
Firm FE	控制	控制	控制	控制
Year FE	控制	控制	控制	控制
Constant	2.624***	2.682***	2.611***	2.615***
	(4.62)	(8.34)	(4.60)	(7.99)
R^2	0.0694	0.0694	0.0690	0.0691
N	8046	8046	8046	8046

本章小结

本章研究发现，公益型政企扶贫纽带主要通过声誉效应降低企业已经发生违法违约事件而被起诉或被处罚的可能性，即公益型政企扶贫纽带对企业的法律风险有显著的"事后控制"效果；但公益型政企扶贫纽带并不能发挥监督机制与价值机制，对企业的"事前法律风险"起不到显著的治理作用。战略型政企扶贫纽带叠加了声誉效应、监督效应以及价值效应，不仅能够显著降低企业被起诉的可能性（事后法律风险），也降低了企业发生违法违约事件的可能性（事前法律风险），实现了从源头治理企业法律风险——战略型政企扶贫纽带对企业的法律风险有显著的"事前治理"效果。

政企扶贫纽带为企业带来了政治资本，政府给予扶贫企业的各项政策倾斜、企业通过该政企纽带获得的政治资源和政府的隐性担保等，均是政治力量效应的来源。政治力量效应将在短时间内迅速衍生出声誉效应，但是仅仅依靠声誉效应发挥对企业法律风险的治理，可谓"治标不治本"。企业如果是短视性的投入扶贫，甚至是仅在企业面临高法律风险时短暂地进行公益性扶贫、面向贫困区进行慈善捐赠等，多是企业化解危机的公关战略，通过转移公众注意力、赢得公众好感来缓解声誉压力，并通过短期内建立的政治声誉向利益相关者传递利好信号，增强投资者信心，获得债权人信任，减少或延缓企业面临的法律风险，实现对法律风险的事后控制，起到短效的治理效用。

政企扶贫纽带的政治力量效应，将随着存续时间的加长逐渐发挥其监督效应，政府对扶贫企业"依法合规"的严格要求、媒体及公众对扶贫企业的关注及反馈、监管机构的跟进与监督均会向企业施加压力，降低其违规操作引发诉讼纠纷和监管处罚的可能性，即政企扶贫纽带在中长期的监督效应能够起到治理效用，从源头上降低企业违法违规违约的可能性，实现企业法律风险的事前控制，起到长效但是被动的治理效用。

从"精准扶贫"国家战略开始，"政府—企业—贫困体"这一扶贫模式逐渐建立，解决"绝对贫困"后，2020年起国家策略转向长效的"乡村振兴"，政企合作助力乡村振兴的模式必须建立其核心驱动力：在政府主导下实现企业与帮扶合作对象的互利共赢，企业能够在长效机制中获得经济收益。政企扶贫纽带在长期为企业带来价值效应，从根本上加强企业应对环境不确定性的能力，促进企业内部治理的提升，降低企业面临的法律风险，即政企扶贫纽带在长期的价值效应能够对企业的法律风险实现事前控制，起到长效并且主动的治理效用。本章在实证分析过程中也确实发现，尽管在2016—2020年的全样本分析中，战略型政企扶贫纽带并未显著提升企业价值，但是采用2019—2020年的子样本，发现战略型政企扶贫纽带的强度和持续性均与企业价值显著正相关，恰恰反映了战略型政企扶贫纽带能在存续一段时间后发挥价值效应。随着乡村振兴战略的不断深入推进与持续发展，战略型政企扶贫纽带的价值效应将会越来越显著。

综上所述，公益型政企扶贫纽带缺乏长效存续的内生动力，将随着"乡村振兴"政策的推行逐渐弱化；而在"精准扶贫"与"乡村振兴"战略衔接的过程中，政企合作的模式将不断深入，战略型政企扶贫纽带将不断向着互利共赢的长效模式发展，其价值效应已初见端倪。

第六章

——————

制度环境因素的调节作用

　　企业配合政府参与扶贫建立的政企纽带，不可忽略的是企业本身的产权性质：国有企业本身就具有天然的政治关联，承担了一定的社会与政治任务；而民营企业更有动机通过其他方式建立政企纽带，进而获得一定的政治资源。本著作不同产权性质的企业配合政府参与扶贫的动机及其影响会有区分。尽管在整体上司法体制改革、社会主义法治进程是在不断推进的，但是我国地大物博，加之历史原因、地理环境因素的影响，各个区域经济发展水平差距较大，各地区的法律环境和市场化程度也有较大差异（樊纲、王小鲁、朱恒鹏，2011；何平林等，2019）、法律条款在不同地区的执行力度和效果也有明显差异（郑志刚、邓贺斐，2010），在关注国家整体的法治进程推进的同时，也不能忽略不同地区法律环境发展的差异和市场化程度的差异。基于以上分析，本著作拟将产权性质、法律环境及市场化程度三项制度环境因素纳入政企扶贫纽带对企业法律风险治理效应的研究框架，以期更好地发掘中国特色的制度背景下国家宏观政策的微观作用机制。

一、制度环境因素调节作用的理论分析

（一）产权性质的调节作用

企业的产权性质常常会被作为调节变量加入到研究中去，国有企业与非国有企业往往由于政府干预程度有差异等因素受到不同程度的影响。对于国有上市公司来说，由于政府控制它们并依然有能力基于其他目标的考虑而影响这些公司的决策和行为，因此，与非政府控制的公司不同，政府的动机和行为对国有上市公司可能会产生重要影响（刘启亮等，2012）。盛明泉等（2016）在研究高管股权激励对资本结构动态调整的影响时认为公司产权性质在高管股权激励促使资本结构动态的过程中起到调节作用。对于国有企业来说，全民所有是国有股权的天然特征，这一特征使得其面临严重的所有者缺位问题，此时政府担任起了"代理股东"的角色。但在代理过程中存在的代理链条过长或者股权集中度过高等问题使得政府无法对高管经营决策行为进行有效监督。因此，高管更有可能是从自身利益出发而不是公司价值提升为导向来进行关于资本结构的决策。并且高管可能会由于期望获得政府补助、银行贷款等目的而进行无效率融资。这些因素将导致高管股权激励对资本结构动态调整速度的正面促进作用在国企中表现得更不敏感。而在对金融生态环境对于企业融资约束的影响及其作用机制的探究中，魏志华等（2014）从产权角度进行分析得出金融生态环境缓解融资约束的作用对于"融资难"问题更突出的民营企业而言更加重要。良好的金融环境在改善产权歧视导致的民营企业融资约束的同时，也提供了更为发达与健全的金融市场。相较于国有企业更易获得银行信贷政策倾斜，民营企业在过去常受到产权歧视。但在金融生态环境的完善下，政府干预减少、信贷资源分配依靠市场机制等都会缓解产权歧视而导致的融资约束问题。并且伴随着愈加充沛的金融资源与完善的投资者法律保护，民营企业融资渠道拓宽的同时债务契约的履行与监督成本也在降低，更容易获得商业信用从而缓解融资约束。企业的产权性质可能会对企业配合政府参与扶贫的方式、投入力度、加入时间、后续规划等方面都有显著影响。国有企业参与扶贫，是对原有政企纽带的加强，并且国有企业很可能已有政府合作项目，因此能够更迅速地响应政策并做更长远的规划；民营企业有强烈的动机寻找途径建立与政府的联系，因此更有可能追求政企纽带的短期收益。本著作初步认为，民营企业更看重政企扶贫纽带带来的政治力量效应，更可能经由政企扶贫纽带对其法律风险产生治理效用。

（二）地区法律环境的调节作用

地区法治水平越高，对公司信息披露的要求就会越高，在公司诉讼发生时，可查阅资料的范围越广泛，因此对公司交易的信息了解越充分（余劲松，2007）。同时，在法律环境较好的地区，制度和监管更透明、执法水平较高，企业违规的成本也很高，因此能够有效约束企业行为（方红星、张勇、王平，2017）。我国各个地区的法律环境差异使得学者们有机会探究法律机制的经济效应：陈克兢（2017）的研究指出法治水平的提高可以降低上市公司的盈余管理程度；李虹、田马飞（2015）的研究结果显示，好的法律环境可以增强媒介功用、内部控制与每股盈余价值和每股净资产价值的相关性；李明、郑艳秋（2018）的研究也证实了好的法律环境更有利于媒体监督作用的发挥。陈冬、罗祎（2015）探究公司避税行为对审计定价的影响时认为，法律环境好的地区，公司避税程度越高的客户，审计定价越高。这是由于在法律执行效率高的地区，投资者能够受到更多保护的同时，意味着审计师面临更高的诉讼与声誉风险。因此，在这种环境下，审计师更加关注公司避税对财务报告产生的后果。王运通等（2017）通过实证得出具有多个大股东的公司债务融资成本更低，并且当公司所处地区法律保护较强时，中小股东能够更有效地行使股东权利，大股东能够凭借法律保护来制衡控股股东的利益侵占行为，有效缓解代理问题，因此多个大股东在降低融资成本方面的作用也将更加明显。而在企业创新方面，金静等（2020）证明客户集中度与企业创新显著负相关，并且法律环境在影响客户集中度对企业创新中发挥了调节效应。其认为法律保护主要通过两个渠道对企业创新活动产生影响：一个是保护投资者利益以推动创新；另一个是保护创新成果以推动创新。好的法律环境有利于保护债权人的契约，有利于促进经济发展、促进产权保护制度完善，能够减少政府干预，促进创新活动投入。罗正英等（2014）认为在投资者法律保护较差的国家或地区，控股股东更有可能侵害中小投资者的利益；与之相反的是，中小投资者的利益更有可能在法律环境较好地区得到保护。良好的法律环境作为具有监督作用的外部治理机制，通过提高大股东侵占中小股东利益的成本，可以减少大股东的侵占行为，从而增加企业的研发投入。处于法治水平较高的地区，政企扶贫纽带对企业法律风险治理更为显著。

（三）市场化程度的调节作用

在市场化程度较高的国家和地区，由于其拥有良好的法制环境、较少的政府干预以及有效的产权保护，决定了市场能够发挥配置资源的基础性作用。与之相反，在市场化程度较低的国家和地区，在法制环境较差的影响下产生出监管困难，较多的政治干预导致市场扭曲以及产权保护等问题，决定了市场很难发挥作用。（刘永泽等，2013）因此，许多学者都会在研究问题的过程中考虑到市场化程度高低产生的调节作用。在企业盈余管理方面，李延喜等（2012）认为我国区域发展不平衡对上市公司盈余管理具有影响，并且当外部治理环境较好时，一方面政府监管部门出于责任感会积极监管企业盈余管理行为，另一方面政府监管部门执法效率的提高也会对企业起到威慑作用。因此其认为，上市公司所在地区的市场化程度越高，该地区的上市公司盈余管理程度越低。而陈晖丽等（2014）则认为融资融券对上市公司盈余管理行为具有影响，证实融资融券公司的应计盈余管理和真实盈余管理显著降低，并且认为融资融券业务能否被投资者所接受，与外部的市场运行环境紧密相关。市场化程度越高地区，投资者参与成本越低，进而能够提升融资融券交易的广度和深度，因此在市场化程度较高的地区，融资融券更能抑制盈余管理。在探究媒体曝光度、信息披露环境与权益资本成本间关系时，卢文彬等（2014）不仅通过实证检验了媒体曝光度对权益资本成本的影响，还进一步发现在市场化程度越低的地区，媒体报道对权益资本成本的影响力越强。这主要是由于当公司所在地区市场化程度较低时，媒体曝光对于传递公司信息、降低公司与投资者间信息不对称的效应更为明显，从而能降低权益资本成本。在企业融资方面，我国政府对高技术产业实施了政府研发补贴政策，具有缓解融资约束的作用。由于政府补贴前会进行调研，因此其不仅能为企业带来现金收益，更有可能向市场传递利好信息。高艳慧等（2012）实证发现政府研发补贴有助于促进企业获得更多的银行贷款，进一步在市场化程度较高的地区，激烈竞争使得法制约束更强，并且法律环境更完善、企业信息更公开，金融机构对非正规机制需求减少。因此，在市场化程度较低的地区，政府补贴的信号传递作用更强。处于市场化程度较高的地区，政企扶贫纽带对企业法律风险治理更为显著。

二、调节效应的实证检验

（一）研究样本选择

延续第五章的实证研究，本章选取 2016—2020 年 A 股非金融类上市公司为研究对象，分析中国制度背景下异质性特征对政企扶贫纽带与企业法律风险关系的调节作用。上市公司扶贫信息来自上市公司年报、半年报、社会责任报告、临时公告以及上市公司官方网站的公示信息等，整理统计上市公司扶贫投入的资金、物资、时间等；上市公司的诉讼事项来自巨潮资讯网的年报、半年报、诉讼临时公告等，手工搜集上市公司的未决诉讼涉诉事项；公司股票收益相关数据、基本特征数据等均来自国泰安数据库。研究样本筛选过程如下：（1）2016—2020 年 A 股上市公司初始样本

18 745 个；（2）删除 461 个金融类上市公司的观测值；（3）删除主要研究变量缺失的 2243 个样本。本著作最终获得 16 041 个公司—年度样本观测值。

（二）研究变量及模型

1. 研究变量

自变量政企扶贫纽带、因变量法律环境以及回归模型的控制变量都与第五章一致，本章引入的新变量为三个调节变量——产权性质、地区法律环境、市场化程度。

①产权性质（*SOE*）：本著作依据上市公司的实际控制人类型判断其产权性质，具体定义为：若公司的实际控制人为政府，则对 *SOE* 取值为 1，否则取值为 0。

②地区法律环境（*Legal*）：法律环境是一个宏观概念，描述了企业和外部发生经济关系时所应遵守的各种法律、法规和规章。但是在具体的实证研究中，需要将宏观概念具体量化，本章用各地区法治水平的高低来量化我国法律环境异质性，具体测量参考了王小鲁、余静文、樊纲编写的《中国分省企业经营环境指数 2013 年报告》以及王小鲁、樊纲、马光荣编写的《中国分省企业经营环境指数 2017 年报告》，使用其中的"企业经营的法治环境"分指数来测量各地区的法治水平。本章按照所有地区的法治水平指数的中位数对样本进行划分：法治水平指数大于中位数的划定为"高法治水平地区"，并设置地区法律环境虚拟变量：若上市公司所处地区被划分为"高法治水平地区"，则变量 *Legal* 取值为 1，否则为 0。

③市场化程度（*Market*）：我国市场化进程在行政区域上很不平衡。中国经济改革研究基金会国民经济研究所自 2000 年开始致力于对中国不同区域的市场化进程进行调查研究，并持续关于中国市场化进程的研究报告，指出由于资源禀赋、地理位置以及地方政策的不同，各地区的市场化程度存在较大的差异。本著作采用最新发布的《中国分省份市场化指数报告（2021）》（王小鲁、胡李鹏、樊纲，2021）中披露的各省份市场化指数来衡量市场化程度。

2. 研究模型

基于本著作的研究对象和所选取对应的控制变量，设置回归模型如下：

（1）产权性质的调节作用：

$$Ex\text{-}ante\ risk\ /\ Ex\text{-}post\ risk = \alpha_0 + \alpha_1 BOND + \alpha_2 BOND \times SOE + \alpha_3 MB +$$
$$\alpha_4 LEV + \alpha_5 Cash + \alpha_6 ROA + \alpha_7 Loss + \alpha_8 OWNCON + \alpha_9 SOE +$$
$$\alpha_{10} Dual + \alpha_{11} IC + \alpha_{12} Analyst + \alpha_{13} AudOpn +$$
$$YearFE + FirmFE + \varepsilon \qquad\qquad (6\text{-}1)$$

用式（6-1）（模型 6-1）检验政企扶贫纽带对法律风险的作用过程中产权性质的调节作用。主要关注交互项 *BOND×SOE* 的回归系数。

（2）地区法律环境的调节作用：

$$Ex\text{-}ante\ risk\ /\ Ex\text{-}post\ risk = \alpha_0 + \alpha_1 BOND + \alpha_2 BOND \times Legal + \alpha_3 MB +$$
$$\alpha_4 LEV + \alpha_5 Cash + \alpha_6 ROA + \alpha_7 Loss + \alpha_8 OWNCON + \alpha_9 SOE +$$
$$\alpha_{10} Dual + \alpha_{11} IC + \alpha_{12} Analyst + \alpha_{13} AudOpn + \alpha_{14} Legal +$$
$$YearFE + FirmFE + \varepsilon \qquad\qquad (6\text{-}2)$$

用式（6-2）（模型 6-2）检验政企扶贫纽带对法律风险的作用

过程中地区法律环境的调节作用。主要关注交互项 *BOND×Legal* 的回归系数。

（3）市场化程度的调节作用：

$$Ex\text{-}ante\ risk\ /\ Ex\text{-}post\ risk = \alpha_0 + \alpha_1 BOND + \alpha_2 BOND \times Market + \alpha_3 MB +$$
$$\alpha_4 LEV + \alpha_5 Cash + \alpha_6 ROA + \alpha_7 Loss + \alpha_8 OWNCON + \alpha_9 SOE +$$
$$\alpha_{10} Dual + \alpha_{11} IC + \alpha_{12} Analyst + \alpha_{13} AudOpn + \alpha_{14} Market +$$
$$YearFE + FirmFE + \varepsilon \qquad\qquad (6\text{-}3)$$

用式（6-3）（模型 6-3）检验政企扶贫纽带对法律风险的作用过程中市场化程度的调节作用。主要关注交互项 *BOND×Market* 的回归系数。

（三）实证结果及分析

1. 产权性质的调节作用

基于回归模型 6-1 检验政企扶贫纽带对法律风险的作用过程中产权性质的调节作用，结果见表 6-1。列①、②分别是公益型政企扶贫纽带的强度对事前法律风险的治理、对事后法律风险的控制过程中产权性质的调节作用，列③、④分别是公益型政企扶贫纽带的持续性对事前法律风险的治理、对事后法律风险的控制过程中产权性质的调节作用；列⑤—⑧则是战略型政企扶贫纽带的强度、持续性对事前法律风险的治理、对事后法律风险的控制过程中产权性质的调节作用。列①—④显示，国有产权性质削弱了公益型政企扶贫纽带的强度或者持续性对事后法律风险的治理作用。列⑤—⑧显示，国有产权性质削弱了战略型政企扶贫纽带的强度或者持续性对事前法律风险的控制作用和对事后法律风险的治理作用。由此可见，两类政企扶贫纽带对企业法律风险的治理过程中，国有产权性质均起到了负向调节作用；政企扶贫纽带对企业法律风险的治理效果在民营企业中更为明显。

2. 地区法律环境的调节作用

基于回归模型 6-2 检验政企扶贫纽带对法律风险的作用过程中地区法律环境的调节作用，结果见表 6-2。列①、②分别是公益型政企扶贫纽带的强度对事前法律风险的治理、对事后法律风险的控制过程中地区法律环境的调节作用，列③、④分别是公益型政企扶贫纽带的持续性对事前法律风险的治理、对事后法律风险的控制过程中地区法律环境的调节作用；列⑤—⑧则是战略型政企扶贫纽带的强度、持续性对事前法律风险的治理、对事后法律风险的控制过程中地区法律环境的调节作用。列①—④显示，好的法律环境增强了公益型政企扶贫纽带的强度或者持续性对事后法律风险的治理作用。列⑤—⑧显示，好的法律环境增强了战略型政企扶贫纽带的强度或者持续性对事前法律风险的控制作用和对事后法律风险的治理作用。由此可见，两类政企扶贫纽带均对企业法律风险治理过程中的好的法律环境起到了正向调节作用；即政企扶贫纽带对企业法律风险的治理效果在法律环境好的地区中更为明显。

3. 市场化程度的调节作用

基于回归模型 6-3 检验政企扶贫纽带对法律风险的作用过程中市场化程度的调节作用，结果见表 6-3。列①、②分别是公益型政企扶贫纽带的强度对事前法律风险的治理、对事后法律风险的控制过程中市场化程度的调节作用，列③、④分别是公益型政企扶贫纽

表 6-1 产权性质的调节作用

Variables	公益型政企扶贫纽带				战略型政企扶贫纽带			
	① Ex-ante risk	② Ex-post risk	③ Ex-ante risk	④ Ex-post risk	⑤ Ex-ante risk	⑥ Ex-post risk	⑦ Ex-ante risk	⑧ Ex-post risk
CBOND_str	20.44 (0.78)	-1.809** (-2.49)						
CBOND_con			-0.022 (-1.35)	-0.766** (-2.30)				
SBOND_str					-12.68*** (-3.08)	-1.890** (-2.50)		
SBOND_con							-1.043* (-1.70)	-0.501** (-2.44)
BOND×SOE	0.903 (1.22)	0.290** (2.11)	0.021 (1.39)	0.068* (1.90)	1.004** (2.02)	0.134** (1.99)	0.021* (1.67)	0.009** (1.88)
SOE	0.100 (0.21)	0.002 (1.14)	0.090 (0.65)	0.003 (1.21)	0.101 (0.40)	0.025 (1.42)	0.098 (0.72)	0.006 (1.03)
Controls	控制	控制	控制	控制	控制	控制	控制	控制
Controls	控制	控制	控制	控制	控制	控制	控制	控制
Constant	1.288 (0.44)	1.781** (2.14)	2.005 (0.38)	1.554*** (4.10)	1.618 (0.77)	1.289*** (3.25)	2.733 (0.52)	2.252** (2.19)
R^2	0.0601	0.1288	0.0578	0.0690	0.0501	0.1104	0.0543	0.0958
N	16 041	16 041	16 041	16 041	16 041	16 041	16 041	16 041

注：***、**、* 表示显著性水平分别小于 1%、5%、10%。

表6-2 地区法律环境的调节作用

Variables	公益型政企扶贫纽带				战略型政企扶贫纽带			
	① Ex-ante risk	② Ex-post risk	③ Ex-ante risk	④ Ex-post risk	⑤ Ex-ante risk	⑥ Ex-post risk	⑦ Ex-ante risk	⑧ Ex-post risk
CBOND_str	21.11	-1.771**						
	(0.90)	(-2.52)						
CBOND_con			-0.022	-0.766**				
			(-1.35)	(-2.30)				
SBOND_str					-9.97***	-1.249**		
					(-4.00)	(-2.24)		
SBOND_con							-0.978*	-0.441**
							(-1.72)	(-2.27)
BOND×Legal	0.903	-0.188**	0.035	-0.111**	-2.113**	-0.338**	-0.114*	-0.100*
	(1.22)	(-2.14)	(1.46)	(-2.00)	(-2.02)	(-2.04)	(-1.88)	(-1.91)
Legal	0.213	0.200	0.190	0.193	0.200	0.210	0.106	0.111
	(0.38)	(1.20)	(0.44)	(1.00)	(1.42)	(1.55)	(0.89)	(1.37)
Controls	控制	控制	控制	控制	控制	控制	控制	控制
	控制	控制	控制	控制	控制	控制	控制	控制
Constant	1.332	2.112**	1.910	1.700**	1.622	1.686**	1.030	2.003**
	(1.24)	(2.20)	(0.76)	(2.22)	(0.98)	(2.52)	(1.23)	(2.11)
R^2	0.0620	0.1297	0.0591	0.0705	0.0588	0.1121	0.0587	0.0989
N	16 041	16 041	16 041	16 041	16 041	16 041	16 041	16 041

注：***、**、* 表示显著性水平分别小于1%、5%、10%。

表6-3 市场化程度的调节作用

Variables	公益型政企扶贫纽带				战略型政企扶贫纽带			
	① Ex-ante risk	② Ex-post risk	③ Ex-ante risk	④ Ex-post risk	⑤ Ex-ante risk	⑥ Ex-post risk	⑦ Ex-ante risk	⑧ Ex-post risk
CBOND_str	19.93	-1.668**						
	(0.46)	(-2.33)						
CBOND_con			-0.019	-0.729**				
			(-1.20)	(-2.44)				
SBOND_str					-9.26***	-1.210**		
					(-3.12)	(-2.11)		
SBOND_con							-0.965*	-0.425**
							(-1.81)	(-2.33)
BOND×Market	0.776	-0.123**	0.044	-0.125**	-2.336**	-0.360**	-0.234**	-0.111*
	(0.88)	(-1.99)	(1.21)	(-2.24)	(-2.29)	(-2.15)	(-2.02)	(-1.93)
Market	1.003	0.779	0.897	1.113	1.034	0.956	1.120	0.789
	(1.42)	(1.55)	(0.98)	(1.23)	(1.33)	(1.46)	(0.77)	(1.40)
Controls	控制	控制	控制	控制	控制	控制	控制	控制
	控制	控制	控制	控制	控制	控制	控制	控制
Constant	2.210	3.112**	1.007	3.950**	0.897	1.452**	1.342	2.067**
	(1.46)	(2.44)	(1.28)	(2.49)	(0.33)	(2.37)	(1.44)	(2.00)
R^2	0.0614	0.1269	0.0587	0.0689	0.0579	0.1104	0.0579	0.0980
N	16 041	16 041	16 041	16 041	16 041	16 041	16 041	16 041

注：***、**、*表示显著性水平分别小于1%、5%、10%。

带的持续性对事前法律风险的治理、对事后法律风险的控制过程中市场化程度的调节作用；列⑤—⑧则是战略型政企扶贫纽带的强度、持续性对事前法律风险的治理、对事后法律风险的控制过程中市场化程度的调节作用。列①—④显示，高市场化程度增强了公益型政企扶贫纽带的强度或者持续性对事后法律风险的治理作用。列⑤—⑧显示，高市场化程度增强了战略型政企扶贫纽带的强度或者持续性对事前法律风险的控制作用和对事后法律风险的治理作用。由此可见，两类政企扶贫纽带均对企业法律风险治理过程中的高市场化程度起到了正向调节作用，即政企扶贫纽带对企业法律风险的治理效果在市场化程度高的地区中更为明显。

本章小结

本章研究发现，公益型政企扶贫纽带对企业事后法律风险的治理过程中，民营产权、好的法律环境以及高市场化程度能够起到正向调节作用；战略型政企扶贫纽带对企业事前法律风险的控制和事后法律风险的治理过程中，民营产权、好的法律环境以及高市场化程度同样能够起到正向调节作用，即政企扶贫纽带发挥法律风险的治理机制时，制度环境确实能够起到显著调节作用。

综上所述，从"精准扶贫"打赢脱贫攻坚战，到未来通过"乡村振兴"迈向共同富裕，政府引导、社会参与、市场发力是中国特色的模式，要深刻结合中国特色的制度背景，进而探索国家宏观政策的微观作用机制，明晰政企扶贫纽带的发力模式。

第七章

从"精准扶贫"到"乡村振兴"政企扶贫纽带对企业法律风险治理的机制转换

一、从"精准扶贫"到"乡村振兴"企业战略的衔接模式

（一）研究背景

2020年是我国扶贫战略的转折之年，成果举世瞩目。站在承上启下的时间节点上，中国共产党第十九届五中全会明确指出了扶贫之路长效、持续的方向："优先发展农业农村，全面推进乡村振兴。"乡村振兴战略强调高质量发展的理念，我国扶贫战略进入彻底摒弃"输血"式扶贫深入推进"造血"式扶贫的新阶段。

2021年中央一号文件重点强调了"实现巩固拓展脱贫攻坚成果同乡村振兴有效衔接"，并提出在五年的过渡期内逐步实现由集中资源支持脱贫攻坚向全面推进乡村振兴平稳过渡。"精准扶贫"时期，

政府居于主导地位，奠定了脱贫攻坚成功的基石；"乡村振兴"是一项中长期战略规划，必须逐渐融入整体市场运行轨道，贯穿于国家宏观经济的常态化运行之中。大量研究表明，常态化经济发展过程中，政府过度干预很可能起到负面效果，例如降低并购绩效（潘红波、夏新平、余明桂，2008），引起市场过度多元化（陈信元、黄俊，2007），引发过度投资（程仲鸣、夏新平、余明桂，2008；唐雪松、周晓苏、马如静，2010），影响产业政策实施效果（王克敏、刘静、李晓溪，2017），扭曲资源配置（师博、沈坤荣，2013）等。习近平总书记关于实施乡村振兴战略重要讲话中指出："要处理好充分发挥市场决定性作用和更好发挥政府作用的关系"，因此长远推进"乡村振兴"，"政府之手"要将更多使命交予"市场之手"，遵循市场规律，实现城镇与乡村经济的一体式循环，从政府主导的"托举式"扶贫模式转向市场经济体—社会组织—政府共同参与的"循环式"振兴模式（图7-1）。

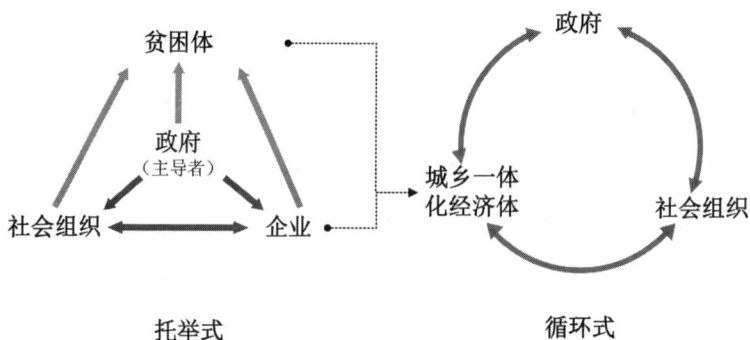

图7-1 "精准扶贫"到"乡村振兴"的模式演化

因此，从"精准扶贫"到"乡村振兴"的过渡过程中，市场的角色要从"助攻位"逐渐转向"主攻位"（刘慧、贾明，2020）。企业作为市场经济的主要参与者，其战略衔接尤为重要。"万企帮万村"精准扶贫行动在脱贫攻坚中发挥了重要作用，接下来将会是企业发挥市场优势，开启"万企兴万村"的振兴行动。

我国目前处于"精准扶贫"到"乡村振兴"的过渡期，现有研究主要总结梳理了精准扶贫的运行模式：国家政策强有力地引导，企业主要是作为政策跟进者投入到精准扶贫事业之中（Chang，He，Wang，2020；李芳华、张阳阳、郑新业，2020；燕继荣，2020；王雨磊、苏杨，2020；王帆、陶嫒婷、倪娟，2020）；也有学者初步探索了从"精准扶贫"到"乡村振兴"的衔接路径，主要从宏观视角讨论两阶段政策的衔接逻辑（刘奇，2018；朱羿，2018；豆书龙、叶敬忠，2019）。总之，尚未有研究着眼于从"精准扶贫"到"乡村振兴"的国家政策转换背景下，企业作为市场主体如何实现战略衔接，如何结合自身产业特点选择适宜的衔接战略，如何在乡村振兴阶段选择合适的行动策略。

本著作从制度复杂性战略响应视角出发，利用扎根理论研究探索企业响应"精准扶贫"到"乡村振兴"的制度逻辑更替的战略衔接模式。制度复杂性理论强调组织场域中存在多元制度逻辑，这些制度逻辑的诉求往往具有竞争性或冲突性，导致组织面临着多元制度逻辑共存带来的挑战与张力（Greenwood 等，2011；Thornton 等，2012）。我国正处于从"精准扶贫"到"乡村振兴"的过渡时期，企业一方面面对政府制度逻辑的更替（从"精准扶贫"到"乡村振兴"政策更替），另一方面还面临企业制度逻辑的冲突（商业逻辑与社会公益逻辑的冲突）。企业在"精准扶贫"到"乡村振兴"的制度逻辑更替中寻求协调、平衡与结合，以获得商业逻辑和社会公益逻辑的融合或互补，才能完成有效的战略衔接（Jarzabkowski 等，2013）。此外，多元制度逻辑下潜在的不同行为逻辑会塑造组织行动的异质性（Greenwood 等，2008；杜运周、尤树洋，2013），因此本著作还将结合企业的产业特征分析其战略衔接的具体形式，通过提取异质性行动逻辑变量建立乡村振兴阶段企业的异质性行动策略模型。

2018 年 2 月，《中共中央、国务院关于实施乡村振兴战略的意见》正式提出"做好实施乡村振兴战略与打好精准脱贫攻坚战有机衔接"；2020 年我国全面实现了消除绝对贫困，"精准扶贫"画上了圆满的句号；2021 年中央一号文件重点强调了"实现巩固拓展脱贫攻坚成果同乡村振兴有效衔接"，并提出在五年过渡期内逐步实现由集中资源支持脱贫攻坚向全面推进乡村振兴平稳过渡。基于此，初步出现了对乡村振兴与脱贫攻坚的关系及其衔接路径探讨的理论研究：首先是脱贫攻坚与乡村振兴的差异性。二者的目标不同，脱贫攻坚主要为第一个百年目标打基础，而乡村振兴主要为实现第二个百年目标打基础（刘奇，2018）；二者的视角不同，脱贫攻坚是精准帮扶、微观施策，而乡村振兴则侧重顶层设计、宏观规划（朱羿，2018）。其次是二者的衔接逻辑。脱贫攻坚是决胜全面建成小康社会的底线任务，而乡村振兴则是决胜全面建成小康社会和社会主义现代化国家实现的重大战略，二者的衔接是递进逻辑；脱贫攻坚为乡村振兴奠定了坚实的物质基础和组织前提（豆书龙、叶敬忠，2019），长期来看，乡村振兴是巩固脱贫成果、防止返贫脱贫的长效动力和可持续模式，二者的衔接也是互动的逻辑。

（二）研究内容及方法

基于制度复杂理论，个体和组织的利益和价值嵌套在主流的制度逻辑中（Greenwood 等，2008），制度结构的相互作用决定了组织的战略决策及实施结果（Powell，Dimaggio，2012；Thornton，Ocasio，1999）。本研究的核心问题是：国家政策由"精准扶贫"转入"乡村振兴"，企业战略的衔接模式是什么？这是我国高质量发展大背景下中国本土管理学的实践问题：国家层面的大政方针从"精准扶贫"转入"乡村振兴"，企业战略要嵌套在政府制度逻辑的更替中寻求自身商业逻辑与社会公益逻辑的平衡点，实现企业战略衔接。从 2013 年年底习总书记首次提出"精准扶贫"，到 2018 年的中央一号文件对实施乡村振兴战略的全面部署，许多优秀的中国企业积极投入到扶贫、兴村事业当中，为我们的研究提供了厚实的素材。企业对扶贫战略的规划，一般主要由企业的党委办公室、工会办公室，或专门的社会责任事务部负责，相关负责人及团队成员结合企业发展特点、发展需求以及精准扶贫阶段的经验，逐步规划乡村振兴阶段企业的衔接战略。因此，以我国各个行业中积极承担扶贫社会责任，并且从 2018 年起明确部署规划衔接"乡村振兴"战略的企业为研究对象展开深入访谈，听取他们在精准扶贫阶段的扶贫动机与收获，以及国家政策由"精准扶贫"转向"乡村振兴"后，企业战略衔接的规划，可以获取最直接的一手资料，利用定性分析构建从"精准扶贫"到"乡村振兴"企业战略的衔接模式。

1. 分析方法

扎根理论（Strauss，Corbin，1994）可以满足我们的研究设计需求：基于国家政策的研究情境，我们发现了亟待探索的问题，即从"精准扶贫"到"乡村振兴"企业战略如何衔接。为了解决该问题，我们将对企业展开深度访谈以获取数据资料，运用系统化的程序，归纳式地引导出扎根的理论，构建企业战略的衔接模式。我们将结合中国本土管理学的研究特点，严格遵循扎根理论的逻辑展开本研究，即"深入情境—发现问题—寻找案例—获得数据—初构理论—比较文献—构建理论"（贾旭东、衡量，2016）。从现实情境中获取资料后，严格遵守扎根理论研究的系统化流程实施编码，包括开放式编码、主轴式编码与选择式编码（Pandit，1996；王扬眉，2019；张宁、才国伟，2021）。

2. 样本选取

选择样本的依据是其特殊性而非一般性，通过"探索性逻辑"（邢小强、全允桓、陈晓鹏，2011）寻求"精准扶贫"到"乡村振兴"制度逻辑更替时企业战略的衔接模式。本著作选择了各个行业中积极承担扶贫社会责任，且从 2018 年起明确部署规划衔接"乡村振兴"战略的企业为研究样本（所选样本均基本完成了从精准扶贫到乡村振兴过渡期的战略规划，形成了相关文件），深入企业、扶贫点等地与扶贫负责人、驻村扶贫干部、帮扶对象等人群展开访谈，获取研究资料；然后基于获取的访谈资料，从中收敛出"精准扶贫"与"乡村振兴"两个阶段的关键范畴，构建出从"精准扶贫"到"乡村振兴"企业战略的衔接模式。

3. 资料获取

根据本著作的研究目的，受访的企业要尽可能地涉及多个行业，从而获取接近于代表全行业全市场的访谈资料；同时，由于本著作探索的是企业战略的衔接模式，故在"精准扶贫"阶段扶贫工作领先并有成效、且在 2018 年中央一号文件对实施乡村振兴战略全面部署后就明确规划衔接战略的企业更具代表性，以此展开研究预期可得到更多启示性收获，因此受访企业大多是各个行业扶贫工作具有代表性的企业；最后，依据理论饱和原则，样本数量应当满足新选样本不再提供更多信息为标准，一般样本数选取 20—30 较为合适（Fassinger，2005）；参照中国本土管理问题扎根理论研究有影响力的文献（黄敏学、李小玲、朱华伟，2008；王建明、王俊豪，2011；贾旭东、郝刚，2013；徐建中、曲小瑜，2014；王玮、徐梦熙，2020；孙平等，2020），本研究在保证样本理论饱和性的前提下，选取了 20 个样本企业。样本企业在第一、第二、第三产业中均有分布，涉及 17 个行业。样本企业基本情况见表 7–1。

表 7–1　样本企业基本情况

序号	企业名称	所属产业	行业	主营业务
1	茅台生态农业公司		农产品加工	农业开发，蓝莓配制酒、蓝莓果汁及食品、保健品生产及销售
2	大方集团	第一产业	农产品加工	高科技绿色农业、房地产开发
3	西安新天地草业股份有限公司		农业、养殖业	秸秆饲草的加工和经营、优质肉羊品种培育和经营、生物因子复合肥的研制和生产
4	西部金属材料股份有限公司	第二产业	有色金属	稀有金属材料的研发、生产和销售
5	隆基绿能科技股份有限公司		光伏	单晶硅片生产、单晶电池组件生产、分布式电站及地面电站系统解决方案

续表

序号	企业名称	所属产业	行业	主营业务
6	厦门路桥建设集团有限公司		建筑	大中型桥梁、隧道、公路、铁路等交通设施投资建设，桥梁隧道管养维护，城市片区开发，房地产投资建设，城市道路景观艺术设计和施工等
7	中国水电工程顾问集团公司	第二产业	水电建设	水电水利建设和风电开发综合性技术服务
8	国家电网		电力供应	投资、建设和运行经营电网
9	山西忻州神达能源集团有限公司		采矿业	煤炭开采销售、新能源开发
10	华为技术有限公司		通讯设备制造	交换、传输、无线和数据通信类电信产品生产制造
11	碧桂园控股有限公司		房地产	房地产开发，涵盖建筑、装修、物业管理、酒店开发及管理等
12	中国电信集团公司		信息传输	固定电话、无线市话（小灵通）、数据通信、互联网接入服务等
13	中铁特货物流股份有限公司		物流运输	商品汽车物流、冷藏物流和大件物流
14	广州国有资产管理集团有限公司	第三产业	资产管理	资产处置、音乐文化教育、健康食品和产业服务业（大数据及人工智能、供应链）
15	西部机场集团		交通运输	航空产业及航空延展产业
16	西安曲江文化旅游股份有限公司		文化旅游	旅游资源整合规划、景区精细化管理、城市公共配套服务
17	陕西广电融媒体集团有限公司		新闻和出版	新闻媒体传播、节目内容制作、广电网络传输、电视购物运营、影视剧制作投资、新媒体集成播控、电竞、物联网、产业园区开发等

续表

序号	企业名称	所属产业	行业	主营业务
18	陕西省国际信托投资股份有限公司		金融	资金信托
19	北京京东世纪贸易有限公司	第三产业	网络零售	综合网络零售、物流
20	西部电影集团有限公司		电影和影视录音制作	电影制作、影视投资、宣传发行、衍生品开发、院线运营、影视旅游等

研究团队首先逐一了解样本企业中直接负责企业社会责任战略制定、具体扶贫计划制定及实施的相关人员[③]，然后与各样本企业扶贫负责人、扶贫一线人员进行深度访谈，在双方都充分知情前提下使用专业录音设备全程记录访谈内容，每次至少三名团队成员前往调研及访谈现场。访谈形式采取半结构化访谈，研究人员设置的问题循序渐进，每次访谈时间均在 90 分钟以上，具体的一手资料收集路径见表 7-2。首先引导被访谈者回顾总结企业在精准扶贫阶段的主要思路、收获与经验，例如："2016—2020 年的精准扶贫政策阶段，贵公司主要的扶贫方向和方式是什么？""贵公司在精准扶贫阶段，是仅仅单边的经济利益输出，还是也为未来业务布局和行业战略进行规划，有哪些收获？"；然后引导被访谈者分享分析企业在国家政策转换的过渡时期，企业扶贫战略转向配合乡村振兴的动机，例如："2018 年的中央一号文件对乡村振兴进行了全面部署，贵企业何时开始明确规划衔接战略？""2020 年是精准扶贫的收官之年，国家政策层面进一步提出了乡村振兴战略，贵公司是否重新规划了扶贫战略？""立足于贵公司自身的业务特点、行业特点等，结合乡

村振兴的五个方面（产业振兴、人才振兴、文化振兴、生态振兴、组织振兴），谈谈贵公司未来长效扶贫战略的具体规划。""贵公司在做出这些具体的规划时，主要的出发点或者动机是什么？"；最后，为了深入探索企业参与乡村振兴的长效动力，与被访谈者针对企业未来部署相关战略可能的收益进行交流，例如："乡村振兴是一项任重而道远的国家政策，将会长期推行、稳步前进。贵公司希望通过深入配合参与此项政策，获得哪些收益（广义的收益）？"调研及访谈从 2020 年 6 月开始，到 2021 年 2 月完成。除了获取一手资料，还收集了以下二手资料：（1）企业社会责任报告；（2）企业扶贫相关的宣传资料；（3）企业内部材料，如企业扶贫相关的内部文件、社会责任事务部例会记录、企业领导人讲话、驻村干部工作笔记等；（4）企业扶贫获奖的相关证书。尽可能利用多种数据来源和数据收集方法提高研究的信度和效度。

表 7-2　一手资料收集路径

企业名称	调查对象及时间
茅台生态农业公司	电话访谈社会责任事务部多名工作人员，累计访谈 3 小时
大方集团	访谈董事长王方胜 1 次，4 小时，赴大方集团天玺柿子小镇实地调研 1 天
西安新天地草业股份有限公司	访谈总经理徐婉宜 1 次，2.5 小时，赴养殖场实地调研 1 天，与多名养殖户谈话
西部金属材料股份有限公司	访谈工会主席张明浩 1 次，2 小时，访谈两名驻村干部 2 小时
隆基绿能科技股份有限公司	访谈社会责任事务部经理汪子阜 1 次，3 小时，赴隆基绿能西安基地实地调研 1 天

续表

企业名称	调查内容及时间
厦门路桥建设集团有限公司	访谈董事长巫升柱 1 次，2 小时，访谈工会主席 1 次，3 小时
中国水电工程顾问集团公司	访谈社会责任负责人夏尚磊 1 次，2 小时
国家电网	访谈工会主席 1 次，2 小时
山西忻州神达能源集团有限公司	访谈党委办公室主任 2 次，3 小时，访谈驻村干部 2 人，2 小时，访谈定点扶贫村农户多人次
华为技术有限公司	访谈社会责任事务部多名工作人员 1 次，2 小时
碧桂园控股有限公司	访谈社会责任事务部负责人王凤阳博士 1 次，3 小时
中国电信集团公司	访谈西安分公司工会主席 1 次，3 小时
中铁特货物流股份有限公司	访谈党委办公室 2 名工作人员 1 次，2.5 小时
广州国有资产管理集团有限公司	访谈工会负责人杨丽莎 1 次，1.5 小时，赴定点扶贫村凤二村调研"凤凰鸡"扶贫项目 1 天
西部机场集团	访谈党委办公室负责人 1 次，2 小时，访谈驻村干部 2 人，2 小时
西安曲江文化旅游股份有限公司	访谈工会工作人员 2 人，2 小时，赴紫阳县调研 2 天
陕西广电融媒体集团有限公司	访谈工会主席 2 小时，工会干事 1 小时，驻村干部 2 人，3 小时
陕西省国际信托投资股份有限公司	访谈工会主席祁锁锋 2.5 小时，赴"两联一包"武安村调研 2 次，访谈驻村干部 2 人，2 小时
北京京东世纪贸易有限公司	电话访谈党委工作部相关人员 1 人，2 小时
西部电影集团有限公司	访谈工会工作人员 2 人，2 小时，访谈宣传部工作人员 1 人，1 小时

　　获取访谈录音后，首先精准转换为文字，并对文字资料进行整合、质证，并确保资料数据能真实反映企业行为，我们将待分析资料命名为"从精准扶贫到乡村振兴企业战略衔接的研究资料"，形成

了第一手研究数据①。其次，结合企业提供的扶贫文件、内部资料、公开信息等，进行内容比对，对理论所需的资料进行补充；而后随机选择了 16 份访谈记录进行编码分析，剩余 4 份用于检验理论饱和度。最后，依据扎根研究的数据分析顺序，研究团队依次进行了开放式编码、主轴式编码和选择式编码。整个编码过程严格遵循扎根理论范畴归纳和模型构建步骤，最大可能保证研究的信度和效度；我们对存在争议的概念和范畴还广泛听取了专家的意见，以提高编码的客观性。

4. 数据分析

鉴于本著作的目标是探索从"精准扶贫"到"乡村振兴"的制度逻辑更替时企业战略的衔接模式，因此访谈内容包含企业精准扶贫阶段的动机与收获、企业战略衔接乡村振兴政策的动机与规划。因此，要针对"精准扶贫""乡村振兴"两个阶段分别展开数据分析，包括开放式编码、轴心式编码与选择式编码。

（1）开放式编码

开放式编码的过程中，将所有访谈录音文字化，并使用被访者原话作为编码原始语句（仅删除重复语气词），编码过程中两名成员对每个样本企业进行首轮编码，另外两名成员进行复核，对于有争议或不明确的概念广泛听取专家意见。针对精准扶贫，一共得到526 条原始语句；针对乡村振兴，一共得到 539 条原始语句。对原始语句进一步剖析和提炼后，聚类相关概念，初步实现概念范畴化。聚焦精准扶贫阶段，相关访谈资料收敛为 13 个副范畴，对应的数据

---

① 本著作将部分典型访谈资料（经过被访谈单位授权）整理公开（详见附录二），供读者阅读，进而从中感受优秀扶贫兴村企业的扶贫一线工作。

结构见表 7-3；聚焦乡村振兴阶段，相关访谈资料收敛为 11 个副范畴，对应的数据结构见表 7-4。

表 7-3 精准扶贫阶段的开放式编码示例

原始资料语句（初始概念）	副范畴
c11：企业是社会一员，家国情怀是不计回报的，扶贫纯粹是爱国行为（情怀） c14：精准扶贫是有时代意义的，这也是践行时代使命吧（使命感）	家国情怀 C1
c21：扶贫是响应国家号召，是企业的一份社会责任（国家政策号召） c29：就算没有精准扶贫政策，扶弱救穷本来也是企业的社会责任，每年发布社会责任报告也是企业义务，这是顺势而为（企业履行义务）	担当社会责任 C2
c36：我们精准扶贫派出了大量的扶贫人员、驻村干部，员工们在实打实的扶贫工作中找到了意义，这是一个时代的文化传承（员工文化认同感） c327：我们企业始终有个信念就是感恩社会，整个社会都要发展得好我们更好，这是企业文化（回馈社会）	企业文化 C3
p17：我们的企业是在党组织的领导下发展，积极跟进党和国家的精准扶贫政策本身就是党员的义务，这是我们党员先进性的体现（党员先进性） p125：我们国企的干部必须从基层做起，踏实肯干，精准扶贫时期我们也是践行"两联一包"扶贫任务，派出大量优秀的党员深入农村，与乡亲们同吃同住，实时解决困难，一对一帮扶，这是对他们的锻炼（企业培育党员干部）	党组织先进性 P1
p29：我们做单晶硅，这属于光伏产业，国家在精准扶贫时期也对光伏产业大力扶持，光伏产业已经做成了精准扶贫的精品产业（产业扶持） p216：国家在精准扶贫初期确实有很多的政策性倾向，产业与扶贫结合，可以享受当地的税收优惠政策，甚至是用水、用电都有优惠（政策优惠）	政策扶持倾向 P2
r13：精准扶贫是国家大政，我们作为国企必须积极响应，我们也一直按照国家的指引设立扶贫队伍、派遣驻村干部，这是我们作为国企的政治担当（政策跟进） r19：我们本身就是国资委控股的企业，我们既要以营利为目的做好企业发展，也要配合政府政策需要，承担社会责任（政企关系）	政治声誉 R1

续表

原始资料语句（初始概念）	副范畴
r26：企业本身就会通过一些慈善、捐赠之类的手段强化企业的社会担当形象，国家出台了有针对性的扶贫政策，积极响应更是对企业形象的正面宣传（宣传手段） r219：我们行业本身就和农村农民息息相关，我们原材料的供应商就是很多农民、乡村合作社之类的，对农村农户的精准帮扶也是塑造企业形象（企业形象塑造）	企业形象 R2
h110：城市市场现在处于饱和状态，精准扶贫阶段乡村是实打实地开始加速发展了，我们在深入乡村扶贫时看到了光伏发电在广大农村的市场潜力（潜在产品市场） h126：精准扶贫初期，我们和许多企业一样协助当地修路、通水通电，这样的话，各种资源和通道就建立起来，原来偏僻、闭塞的地区变得越来越开放、先进，未来发展的空间还很大（市场开放）	乡村市场培育 H1
h29：精准扶贫最实在的就是村民不再为温饱生计发愁，而且经济能力持续提升的话就会有更高层次的消费需求，那就是购买力的提升，也是企业未来的目标客户（购买力提升）	乡村人口购买力 H2
g13：精准扶贫是个让企业越做越有意思的事情，你会发现很多乡村原来的弱势有可能转化为优势，比如原生态、未开发，这是未来发展原生态旅游的一个绝好资源（旅游资源探索） g122：乡村保留了很多独特、传统的东西，未来可以温和地开发很多特色自然资源或者非物质文化资源（产品资源探索）	资源探索 G1
g27：我们帮贫困山区建起了光伏发电站，初期肯定是只有投入，但未来它能持续发电 25 年，收效被看到后，会吸引更多的地方引建光伏发电站（产业平台构建） g28：在这个教育扶贫时机下，我们也大量投入准备在 WN 村建立一个与我们企业旗下工厂需求对接的职业技术学院，这样的平台会在未来缓解我们的用人难问题（人才平台构建）	平台构建 G2
s116：刚刚结束的全国表彰大会，我们碧桂园集团的董事会主席荣获了"全国脱贫攻坚先进个人"称号，这是国家和人民对我们的肯定（声誉褒奖）	声誉褒奖 S1
s120：我们联合旗下的食品老字号和帮扶村的特色农产品做的联名食品，受到了食客的赞赏，我们会扩大这个扶贫农产品的生产销售（产品认可）	产品认可 S2

表 7-4 乡村振兴阶段的开放式编码示例

原始资料语句（初始概念）	副范畴
f11：作为国企，家国情怀本身就是持续为社会做贡献的一种驱动力（情怀） f13：企业不是孤立的，社会好了，人民好了，企业才能长久地发展好（宏观认知）	家国情怀 F1
f25：政策在推进，说明在进步，企业这份社会责任的承担就相当有意义（企业履行义务）	担当社会责任 F2
f31：企业都有自己的核心价值观和文化，我们觉得承担社会职责本身就是一种企业文化（文化内涵） f312：创始人乃至企业上下都认同，企业财富来自社会，回馈社会就是我们必须做的（回馈社会）	企业文化 F3
a18：配合乡村振兴长久地做下去会得到社会的认可，企业的发展离不开社会的认可（社会认可） a116：这也算是一种良性竞争，配合乡村振兴这件事，大家都做你不做，那声誉势必会受到影响，大家都做得好，你却在应付，这更会对声誉有负面影响（声誉竞争）	社会声誉 A1
a27：品牌是企业的灵魂，主要的盈利增长点基本都有赖于品牌效应，扶贫在持续过程中为企业品牌塑造了一种值得信赖的形象，这就是打开了品牌知名度（知名度） a228：我们传播扶贫和乡村振兴的事迹，更是要加强社会公信力（社会公信）	品牌知名度 A2
a35：企业的运营是个庞杂的体系，除了面对社会消费者，还要与上下游打交道，因此在整个供应链体系的信誉也非常重要，上下游的认可决定了企业的生产经营效率，配合乡村振兴的行为无形中加强了上下游的信心，有良心的企业才有信誉（上下游信心）	供应链信誉 A3
m12：企业都在提前布局拓展市场，以后乡村发展起来，逐渐和城镇一体化，那么这就是新的市场，扶贫和乡村振兴都是契机，我们借此可以拓展市场，谋求更广的发展（市场延伸） m16：消费者购买力决定了我们的销量，长远看，乡村振兴不断提升乡村民众的经济实力，这也是在为企业创造更多的未来目标客户（培养潜在客户）	多级销售市场拓展 M1

续表

原始资料语句（初始概念）	副范畴
m24：无论是规划新的产业集群，还是优化已有的产业集群，其实都是在不断权衡场地、原材料、人力等各个方面的成本，城乡边界的融合过程中，企业集群向村镇迅速规划（生产规划） m29：电网之后的助力主要是考虑提升供电可靠性还有配电自动化覆盖率等，这些都需要规划产业项目来支持，从城市到农村推进过程，我们的规划机会也在延伸，更何况以后这个城乡边界可能就不那么明显了（配套产业规划） m218：我们的新品种羊养殖成本低、产羔率高，但尚未形成种群，这需要深入农村大规模地与养殖户达成合作，扩大养殖，培育种群，互利共赢（养殖规划）	企业生产集群规划 M2
n17：我们做地产，业主是主要的客户，他们有更高的食品原生态要求，现代农业与城市社区服务连通是发展趋势，我们借此谋求企业转型，乡村振兴就是很好的机会（现代农业） n130：我们的主业是工程建设，在村镇公路沿线开发了马拉松赛道等，借此发展文体产业，这在无形中也助力了乡村振兴（文体产业）	入局新产业 N1
n25：精准扶贫之后，乡村具备了初步的开发资源能力，企业可以发挥集中优势，整合多层次的资源，渠道多元化、盈利点多元化，这是互利共赢的做法（乡村资源整合）	开辟新渠道 N2
n34：乡村有土地，有资源禀赋，企业在精准扶贫阶段已经挖掘出了很多"宝藏"，未来肯定是继续做下去，结合企业产业优势和乡村地方特色，开发新的产品，谋求产品多元化（因地制宜，多元化业务） n359：我们目前的文化旅游规划是很成功的，这个"大唐不夜城"的效应有目共睹，但文化不能只局限在城市，我们已经在规划城乡融合的旅行模式，来陕西旅游"大唐不夜城"夜景要看看，商洛的古镇也要去瞧瞧（多地点开发）	开发新产品 N3

（2）主轴式编码

依据扎根理论的主轴式编码步骤，在开放式编码得到副范畴的基础上，收敛出主范畴。精准扶贫阶段的 13 个副范畴收敛获得了 6 个主范畴（见表 7–5），乡村振兴阶段的 11 个副范畴收敛获得了 4 个主范畴（见表 7–6）。

表 7-5 精准扶贫阶段的主轴编码

编号	对应副范畴	主范畴
1	家国情怀 C1 担当社会责任 C2 企业文化 C3	企业家精神 C
2	党组织先进性 P1 政策扶持倾向 P2	国家政策引导 P
3	政治声誉 R1 企业形象 R2	社会影响力 R
4	乡村市场培育 H1 乡村人口购买力 H2	乡村蓄能 H
5	资源探索 G1 平台构建 G2	盈利点培育 G
6	声誉褒奖 S1 产品认可 S2	社会认可 S

表 7-6 乡村振兴阶段的主轴编码

编号	对应副范畴	主范畴
1	家国情怀 F1 担当社会责任 F2 企业文化 F3	企业家精神 F
2	社会声誉 A1 品牌知名度 A2 供应链信誉 A3	社会影响力 A
3	多级销售市场拓展 M1 企业生产集群规划 M2	城乡一体化布局 M
4	入局新产业 N1 开辟新渠道 N2 开发新产品 N3	新盈利增长点 N

（3）选择性编码

选择性编码将要提炼核心范畴，我们分别梳理精准扶贫阶段和乡村振兴阶段的主范畴及其逻辑关系（见表 7-7 和表 7-8），最终确定了两个阶段各自的核心范畴。精准扶贫阶段的核心范畴为：企业扶贫动机和企业扶贫收获；乡村振兴阶段的核心范畴为：企业战略衔接动机。

"精准扶贫"阶段已完整呈现，因此该阶段析出了企业扶贫动机和企业扶贫收获两个核心范畴，企业扶贫动机包含国家政策引导、企业家精神、社会影响力三个主范畴，企业扶贫收获包含社会认可、乡村蓄能、盈利点培育三个主范畴。"乡村振兴"阶段析出了企业战略衔接动机这一核心范畴，包含企业家精神、社会影响力、城乡一体化布局、新盈利增长点四个主范畴。

表 7-7　精准扶贫阶段主范畴的逻辑关系结构

关系结构	内涵
国家政策引导→企业扶贫	精准扶贫阶段，国家通过发布扶贫任务、进行产业扶持等方式引导企业参与扶贫，这是企业参与扶贫的外在驱动力，直接决定了企业参与精准扶贫的方式和力度
企业家精神→企业扶贫	企业家精神是企业配合精准扶贫政策的内在驱动力，直接决定了企业参与精准扶贫意愿和力度
国家政策引导→社会影响力→企业扶贫	精准扶贫阶段，国家政策引导使得企业扶贫成为指定的企业社会责任，企业出于政治声誉参与扶贫，这是企业参与扶贫间接的外在驱动力
企业扶贫→社会认可	精准扶贫已收官，国家层面、社会层面对脱贫攻坚做出贡献的组织和个人进行广泛表彰，企业参与扶贫获得了社会荣誉，这是企业的直接收获

续表

关系结构	内涵
企业扶贫→乡村蓄能	精准扶贫后,乡村全面摆脱绝对贫困,乡村储蓄了潜在的市场与购买力,这是企业的间接收获
企业扶贫→盈利点培育	企业在配合精准扶贫过程中,协助乡村探索资源、构建平台,未来企业可以进一步利用资源和平台,开发新的盈利点,因此盈利点的培育也是企业的间接收获

表 7-8 乡村振兴阶段主范畴的逻辑关系结构

关系结构	内涵
企业家精神→企业战略衔接	企业家精神是企业战略与乡村振兴政策衔接的内在驱动力,直接决定了企业战略衔接乡村振兴战略的意愿和方式
社会影响力→企业战略衔接	乡村振兴阶段承接了精准扶贫的成果,企业在已经获得政治声誉的基础上,在乡村振兴阶段更看重商业声誉,为了打开品牌知名度、与上下游建立更深的信誉机制,寻求与乡村振兴战略的衔接,这是外在驱动力
城乡一体化布局→企业战略衔接	精准扶贫后,城乡差距大幅缩小,未来从政策层面到产业层面,城乡一体化是必然趋势,企业与乡村振兴的战略衔接也是在提前布局城乡一体化战略,这是外在牵引力
新盈利增长点→企业战略衔接	企业在配合精准扶贫过程中,已经开发出新的资源、构建了新的平台,长远规划可以实现入局新产业、开辟新渠道、开发新产品,即企业布局新的盈利增长点,这是企业与乡村振兴战略衔接的内在价值驱动

5. 理论饱和度检验

本研究用四份研究样本的访谈记录展开理论饱和度检验。结果显示,模型中的范畴发展足够丰富,对于两个阶段的三个核心范畴

（精准扶贫阶段的企业扶贫动机——国家政策引导、企业家精神、社会影响力；精准扶贫阶段的企业扶贫收获——社会认可、乡村蓄能、盈利点培育；乡村振兴阶段的企业战略衔接动机——企业家精神、社会影响力、城乡一体化布局、新盈利增长点），均没有发现额外的重要范畴和关系。由此可以认为，上述两个阶段的范畴析出在理论上饱和。

（三）研究结论

1. "精准扶贫"阶段企业扶贫的动机与收获

精准扶贫阶段起始于企业扶贫动机，落脚于企业扶贫收获。

（1）企业扶贫动机包含三个主范畴：国家政策引导、企业家精神、社会影响力。国家政策引导是企业扶贫的外在驱动力——党组织先进性是内核，政策扶持倾向是外力；企业家精神是企业扶贫的内在驱动力——家国情怀是信仰，企业承担社会责任是担当，企业文化是理念；社会影响力是间接驱动力——该阶段国家主导，企业侧重追求政治声誉，塑造企业政治先进性形象。

（2）企业扶贫收获包含三个主范畴：社会认可、乡村蓄能、盈利点培育。精准扶贫全面收官，社会认可是企业扶贫的直接收益——政府褒奖使企业获得了声誉，同时其产品得到了社会认可；乡村蓄能是千千万万企业作为微观个体参与扶贫工作获得的宏观累积效应——乡村的迅速发展使其得以蓄能，间接为企业培养了潜在市场与客户；盈利点培育则是在企业扶贫过程的长效收获——探索了新资源，创建了新平台。

2."乡村振兴"阶段企业战略衔接动机

2018 年中央一号文件对乡村振兴进行全面部署后,企业逐步规划了与"精准扶贫"的衔接战略,所选样本企业均已基本完成过渡期的衔接战略规划。

企业战略衔接动机包含四个主范畴:企业家精神、社会影响力、城乡一体化布局、新盈利增长点。企业战略衔接阶段的主线可以概括为:企业家精神依旧是促使企业战略衔接的内在驱动力——家国情怀、担当社会责任、企业文化仍然是内在灵魂;社会影响力是企业战略衔接的外在驱动力——进入乡村振兴阶段,企业已经积累了政治声誉,市场化的进一步深入促使其更追求商业声誉,即获取更广的社会声誉、扩大企业品牌知名度、建立上下游供应链信誉机制;城乡一体化布局是牵引企业不断深化与乡村振兴战略衔接的外在牵引力——以精准扶贫阶段的布局为基础,企业在乡村振兴阶段进一步细化乡村市场发展,产销一体化布局,既追求多级销售市场的拓展,也注重生产集群的规划;激发新盈利增长点是推进企业战略衔接、探索乡村发展的内在驱动力——企业在乡村振兴阶段多维度寻求发展,入局新产业、开辟新渠道、开发新产品都是潜在方式。

3. 从"精准扶贫"到"乡村振兴"的企业战略衔接模式

(1)国家政策引导是打开高效扶贫模式的"钥匙",建立了扶贫的主流制度环境。精准扶贫政策正式开启了我国脱贫攻坚的全新篇章,"政府主导、社会参与、市场促进"的协同扶贫机制逐渐融入了国民经济的运行体系。

(2)企业家精神是贯穿两个阶段的企业战略内在驱动因素,社会影响力是贯穿两个阶段的企业战略外在驱动因素。习近平总书记在企业家座谈会上发表重要讲话，强调"弘扬企业家精神"，企业家们对家与国的情怀、对全社会的责任心、对全民美好生活的向往驱使他们自发地投入扶贫事业，这是企业扶贫的不竭原动力；社会影响力的驱动功能从精准扶贫阶段追求政治声誉演化到乡村振兴阶段追求商业声誉，精准扶贫阶段企业收获的社会认可进一步加强了企业在未来阶段更深远的社会影响力的追求。

（3）内部企业价值链衔接与外部城乡格局衔接构成了从"精准扶贫"到"乡村振兴"企业战略的双轮衔接机制。在内部企业价值链衔接路径上，精准扶贫阶段的收获——盈利点培育，为企业打开了上至产业、中涉渠道、下探产品的潜在盈利机会，乡村振兴阶段的企业战略也受到了新盈利增长点的内在价值驱动；在外部城乡格局衔接路径上，精准扶贫阶段的收获——乡村蓄能，恰恰为乡村振兴阶段的企业城乡一体化布局提供了先决条件，使得提前布局城乡一体化发展成为乡村振兴阶段企业战略的外在牵引力；同时，新盈利增长点的不断发育继续助力城乡势差的缩小，推进城乡一体化布局；城乡一体化进程的不断推进更是为新盈利增长点提供越来越广阔的空间要素。双轮衔接机制并行推进且循环融洽，在制度逻辑从"精准扶贫"转入"乡村振兴"的情形下，企业自身实现了商业逻辑与社会公益逻辑的融合。

综上所述，本研究提炼出"精准扶贫"到"乡村振兴"的企业战略衔接模式：国家政策引导建立了扶贫的主流制度环境后，作为市场主体的企业，以企业家精神为内在驱动，以追求社会影响力为外在驱动，形成了内部价值和外部城乡格局相耦合的双轮衔接机制。衔接机制整合如图 7-2 所示。

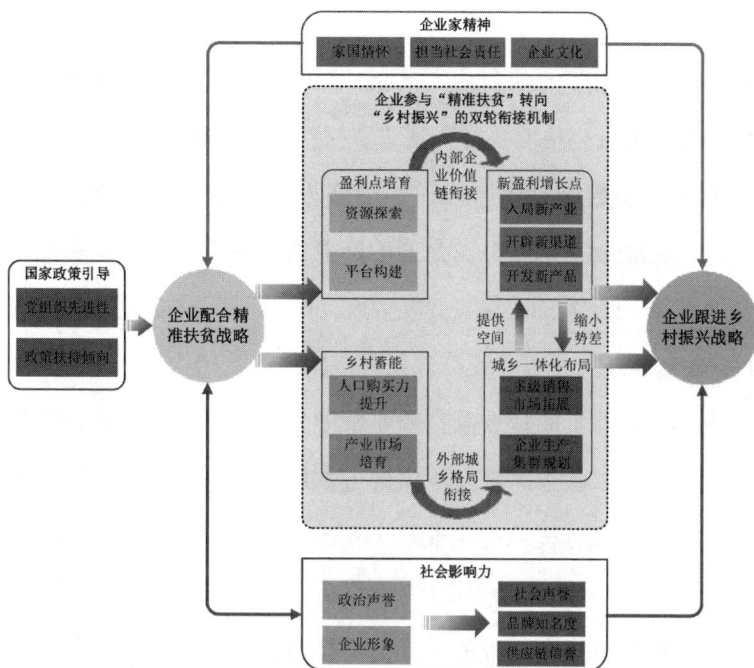

图 7-2 从"精准扶贫"到"乡村振兴"企业战略的衔接机制

二、从"精准扶贫"到"乡村振兴"政企扶贫纽带构建逻辑转换

内部企业价值链与外部城乡格局是从"精准扶贫"到"乡村振兴"的双轮衔接机制。外部城乡一体化格局的推行是政府制度主导，表现出"共性化"的发展进程：精准扶贫前的城乡二元化发展，到目前阶段的初步融合发展，再到未来城乡深度协同发展；而内部价值链上衔接的"个性化"战略选择受到了企业特征的影响。因此，

我们将进一步结合企业的产业特征探讨企业"个性化"与城乡一体化格局"共性化"的耦合共生机制，明晰各类企业如何配合城乡一体化进程，进行"精准扶贫"到"乡村振兴"的战略衔接。

本研究在数据收集阶段，尽可能多地涵盖三个产业、各行业的优秀扶贫企业，充分考虑企业的产业特征对衔接过程的影响。样本企业在第一、第二、第三产业的数量分别占总样本数量的15%、35%、50%，占比分布大致符合我国整体的产业结构[⑤]。

不同产业的企业特点及资源禀赋差异较大，因此产业特征使得企业在跟进国家政策时具有不同的方式特点和进度特征。结合本著作在扎根研究部分提取的企业从"精准扶贫"到"乡村振兴"的战略衔接模式，可以获知：国家大政方针的引导是整个过程的起点，企业家精神是贯穿全过程的驱动力，社会影响力也是全过程持续存在且演化的驱动因素，这三个因素的驱动模式是具有普适性的，即所有企业的战略衔接均受到这三个因素的驱动。虽然从全产业样本中还析出另外两条衔接路径与驱动模式——城乡一体化布局衔接乡村蓄能、新盈利增长点衔接盈利点培育；但深入分析，这两条路径的衔接与产业特征密切相关（见图7-3）。

第一产业很多企业的主营业务与农村农业直接相关，我们访谈的三家企业都是涉及农产品加工或畜牧养殖的企业，呈现的特点是：技术主导型的企业与规模主导型的企业的衔接战略区分明显。在城乡二元化发展时期，第一产业的企业主要是向与农户和养殖户收购农产品，或者是征用农村土地规模化种植或养殖，无论是技术主导型的企业还是规模主导型的企业均是在发挥行业特长整合农村分散资源，农民从中获取收入；国家的扶贫政策对农业类企业有所补

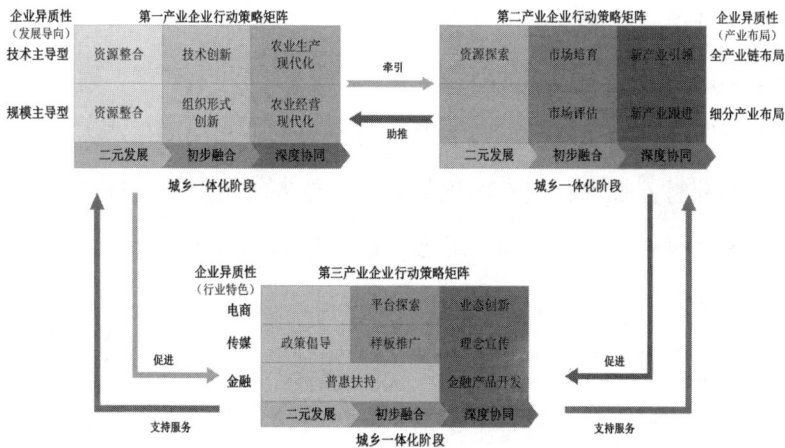

图 7-3 企业的产业特征对企业战略选择的影响

贴，进一步促进了企业整合农村资源的行为。随着精准扶贫政策的推进，乡村得以快速发展，城乡发展差距缩小、初步融合，这个阶段技术主导型的农业企业开始将技术创新向农村延伸，显著提升了农村的资源利用效率；规模主导型的企业在国家政策的引导下，寻求更高效的供应链组织形式，例如企业协同农村政府组织成立的合作社在精准扶贫阶段极大地推进了自然资源、经济资源的高效利用，降低了交易成本。乡村振兴阶段正式开启，未来城乡发展将趋于深度协同，技术主导型农业企业的战略将率先契合"农业生产现代化"目标，规模主导型农业企业的战略将率先契合"农业经营现代化"目标。

第二产业是加工制造业，企业与农村基本没有直接联系。我们的样本中有七家企业归属第二产业，呈现出的特点是：产业布局纵深不同的企业的衔接战略区分明显。全产业链布局的企业，涉及所在行业"供—产—销"的各个环节，细分产业布局的企业往往精专于某一环节。在城乡二元化发展时期，城乡发展差异巨大，全产业链布局的企业有供应端的资源探索动机（例如开采矿产、稀有金属等），可以带动乡村自然资源利用；而细分产业布局的生产类企业暂时未有针对性战略，仅完成规定的扶贫任务。随着精准扶贫政策的推进，乡村得以快速发展，城乡发展差距缩小、初步融合，这个阶段全产业链布局的企业开始培育乡村市场；细分产业布局的企业也在扶贫深入推进的过程中发掘自身着力点，评估乡村市场的潜力。乡村振兴阶段正式开启，未来城乡发展将趋于深度协同，全产业链布局的企业将利用已经培育的市场扩大布局，引领产业；细分产业布局的企业也将在精专发展的同时，跟进新产业，实现自身的产业拓展布局，助力城乡发展融合。

第三产业主要是现代服务业，企业发展更加依赖经济水平。我们的样本中有十家企业归属第三产业，呈现出的特点是：不同行业类型的企业，其衔接战略区分明显。我们选取了三个在扶贫进程中有代表性的行业予以分析——金融企业、传媒企业和电商企业。在城乡二元化发展时期，城乡发展差异巨大，金融企业主要发挥普惠扶持的作用，未做自身产业战略布局；传媒企业主要是为政策发声，倡导全社会广泛参与国家的扶贫大政方针，践行传媒的社会职责；电商企业尚未介入战略布局。随着精准扶贫政策的推进，乡村得以快速发展，城乡发展差距缩小、初步融合，这个阶段金融企业仍然主要发挥普惠扶持功效，支持乡村的产业发展；传媒企业侧重宣传扶贫成功的案例，向全社会展示推广样板式扶贫成果，以期达到带动全社会继续深入响应的目的；电商企业开始探索乡村的资源平台，结合自身产业优势拓展农产品的新型销售渠道。乡村振兴阶段正式开启，未来城乡发展将趋于深度协同，金融企业的普惠扶持功效将逐步消失，将基于城乡一体化经济开发新的金融产品；传媒企业也将趋于常态化的理念宣传；电商企业将继续整合升级城乡资源，开创"电商+"新业态。

制度逻辑从"精准扶贫"到"乡村振兴"，推动城乡格局从"二元分裂发展"到"深度协同发展"，不同产业的企业的衔接战略不尽相同，但却殊途同归：第一产业的企业不断趋向农业现代化发展，过程中牵引第二产业的战略布局；第二产业企业引领高科技产业发展，也将助推农业现代化的全面实现；第三产业始终支持服务于第一、第二产业企业的战略发展，第一、第二产业企业的发展也将进一步促进第三产业企业的城乡一体化融合发展。三大产业的企业相互促进，不同企业因企制宜，全社会协调配合，共同促进城乡一体化发展，实现"乡村振兴"目标。

在完成"精准扶贫"到"乡村振兴"企业战略衔接模式的刻画以及企业的产业特征对衔接战略影响的分析之后，本著作期望在正式进入乡村振兴时期之际，为企业在乡村振兴阶段的行动策略提供理论指引。

多元制度逻辑下潜在的不同行为逻辑会塑造组织行动的异质性（Thornton，Ocasio，2008；杜运周、尤树洋，2013），因此在制度逻辑更替为"乡村振兴"后，企业内部的不同行为逻辑会导致最终行动策略的异质性。衔接模式的分析中，企业家精神和社会影响力是贯穿始终的驱动因素，在指引企业行动策略时，外部的社会影响力是趋同追求，而企业家精神的层次内涵因企业家而异：一部分企业家的愿景层次宏观远大，企业发展的终极向往全人类、全社会的美好生活；也有一部分企业家目前的愿景层次尚处于中微观层面，目前阶段追求企业可持续发展，紧随国家政策承担社会责任。因此，企业家精神是我们在构建企业行动策略模型时的异质性行动逻辑变量。"精准扶贫"之后乡村已实现初步蓄能，分析企业接下来的行动战略，也要考虑乡村所蓄之能与企业资源需求的匹配程度；乡村主要拥有自然禀赋，企业主产业与之匹配度高低不一致，因此乡村蓄能 – 企业资源需求匹配度也是构建企业行动策略模型时的异质性行动逻辑变量。此外，企业虽然在"精准扶贫"阶段探索培育新的盈利点，但资源整合能力不同的企业的参与方式不尽相同，企业资源整合能力也是一个异质性行动逻辑变量。

综上所述，我们将以企业家精神、乡村蓄能 – 企业资源需求匹配度、企业资源整合能力三个异质性行动逻辑变量为基础，建立乡村振兴阶段企业的异质性行动策略模型——EMA 模型。为了直观地进行策略分析，我们将每个变量两级量化：企业家精神按照企业家的愿景层次分为宏观与中微观；乡村蓄能 – 企业资源需求匹配度分为高和低；企业资源整合能力分为强和弱。基于三个变量、两个维度构建了 EMA 立方体模型，可以拆分为八个行动策略模块；我们将立方体模型展开为平面矩阵，逐一分析八个行动策略（见图 7-4）。

沿着"企业家精神"展开 EMA 立方体，分别在企业家精神的愿景层次宏观、中微观两个维度分析行动策略矩阵：

1. 企业家精神——宏观（图 7-4 右下角矩阵）

企业家的经营理念是高质量发展，融合"创新、协调、绿色、开放、共享"的发展理念，以期实现"人类家园美好，社会生活和谐，自然环境美丽"。企业家的行动策略受到了高质量发展理念的

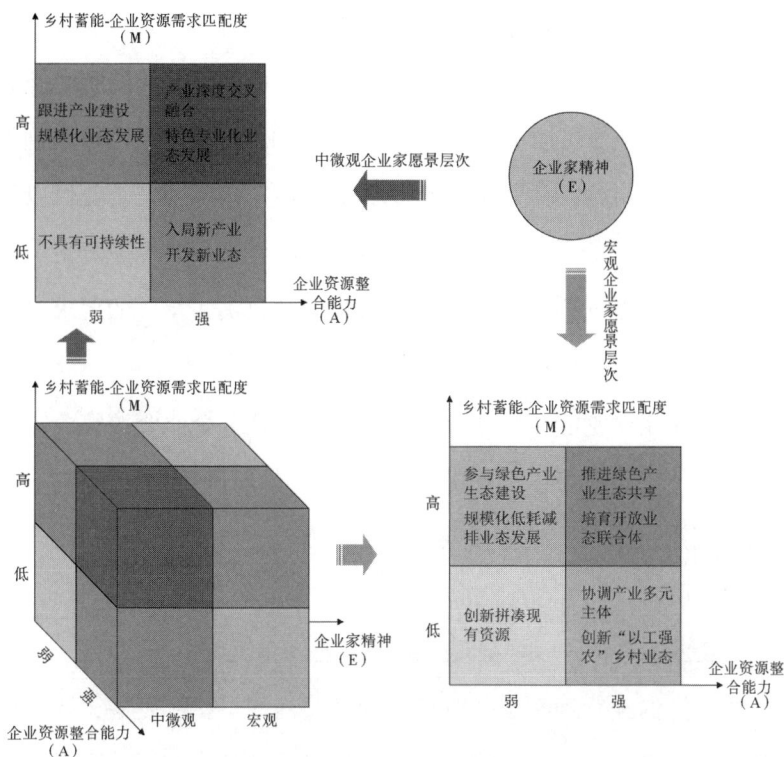

图 7-4 乡村振兴阶段企业的异质性行动策略 EMA 模型

驱动。

（1）在乡村蓄能－企业资源需求匹配度高、企业资源整合能力强的情况下，企业可以选择的行动策略："推进绿色产业生态共享，培育开放业态联合体。"涉农企业加快建设绿色循环种植基地，培育开放加工物流，共享绿色产业生态模式，推动特色产品高质量发展。

（2）在乡村蓄能－企业资源需求匹配度高、企业资源整合能力弱的情况下，企业可以选择的行动策略："参与绿色产业生态建设，规模化低碳减排业态发展。"尽管统筹协调的能力较弱，但是企业夯实自身产业的基础上，跟进绿色产业生态的建设，力求厚植规模化优势，积极实现低碳减排的业态发展。

（3）在乡村蓄能－企业资源需求匹配度低、企业资源整合能力强的情况下，企业可以选择的行动策略："协调产业多元主体，创新'以工强农'乡村业态。"虽然互动资源并不直接匹配，企业可以发挥其资源整合的能力，牵头组建要素优化配置、生产专业分工、收益共同分享的多元产业联合体，抑或按照"农头工尾"的要求，创新发展"以工强农"的乡村业态。

（4）在乡村蓄能－企业资源需求匹配度低、企业资源整合能力弱的情况下，企业可以选择的行动策略："创新拼凑现有资源。"企业家的高层次追求促使企业寻求变革和转型，可以拼凑现有资源，寻求创新风口。

2. 企业家精神——中微观（图 7-4 左上角矩阵）

企业家的经营理念是企业经济利益层面的可持续发展，乡村振兴阶段能够在开拓市场、利用资源的同时承担社会责任，紧跟国家大政方针。

（1）在乡村蓄能－企业资源需求匹配度高、企业资源整合能力强的情况下，企业可以选择的行动策略："产业深度交叉融合，特色专业化业态发展。"深度融合多产业模式，打造"农业＋"多业态发展态势。例如，推进农业与其他行业融合，与林业融合发展林下种养、与光伏产业融合发展渔光互补、与旅游业融合发展原生态旅游等业态。基于自身行业纵向深挖，横向包容，实现互利共赢。

（2）在乡村蓄能－企业资源需求匹配度高、企业资源整合能力弱的情况下，企业可以选择的行动策略："跟进产业建设，规模化业态发展。"尽管统筹协调的能力较弱，但企业基于自身精专的领域不断跟进最新相关产业，将探索到的盈利新业态规模化发展。

（3）在乡村蓄能 – 企业资源需求匹配度低、企业资源整合能力强的情况下，企业可以选择的行动策略："入局新产业，开发新业态。"虽然互动资源并不直接匹配，企业可以发挥其资源整合的能力，集聚要素，集中服务，集合乡村组织，入局新产业，并结合核心产业开发新业态，实现互利共赢。例如，大型房地产企业可以发展配套业主需求的现代农业，即整合乡村资源生产原生态农产品，协调配套加工、物流运输等产业，实现原生态蔬菜即刻入户的业主增值服务。

（4）在乡村蓄能—企业资源需求匹配度低、企业资源整合能力弱的情况下，企业在缺乏宏观高质量需求驱动的情况下很难获得可持续发展。

综上分析，企业可以判断自身在行动逻辑中异质性变量的取值，而后在 EMA 模型中选择适合自身的行动策略。因此，从"精准扶贫"到"乡村振兴"战略变迁后，政企扶贫纽带的构建逻辑也将发生转换：企业将基于 EMA 模型选择自身跟进国家乡村振兴战略的行动策略，将企业产业发展与"兴村"社会责任实现深度融合；政企扶贫纽带不再需要刻意寻求载体，而是与企业战略发展自然绑定，企业价值实现与社会价值实现走向趋同——这将是商业发展的终极方向：互利共赢、价值共创。

三、从"精准扶贫"到"乡村振兴"政企扶贫纽带对企业法律风险治理的机制转换

从"精准扶贫"到"乡村振兴",企业所构建的政企扶贫纽带逻辑发生了本质变化,核心利益驱动的模式是改变这一逻辑的关键所在。在内部企业价值链衔接路径上,精准扶贫阶段的收获——盈利点培育,为企业打开了上至产业、中涉渠道、下探产品的潜在盈利机会,乡村振兴阶段的企业战略也受到了新盈利增长点的内在价值驱动。在外部城乡格局衔接路径上,精准扶贫阶段的收获——乡村蓄能,恰恰为乡村振兴阶段的企业城乡一体化布局提供了先决条件,使得提前布局城乡一体化发展成为乡村振兴阶段企业战略的外在牵引力;同时,新盈利增长点的不断发育继续助力城乡势差的缩小,推进城乡一体化布局,城乡一体化进程的不断推进更是为新盈利增长点提供越来越广阔的空间要素。双轮衔接机制并行推进且循环融洽,在制度逻辑从"精准扶贫"转入"乡村振兴"的情形下,企业自身实现了商业逻辑与社会公益逻辑的融合。而商业逻辑与社会公益逻辑的自洽,使得政企扶贫纽带的治理功能完成了过渡——完全解绑声誉效应与监督效应,政企扶贫纽带将在企业价值实现的过程中自动实现社会价值的提升,因此政企扶贫纽带的治理功效将完全实现价值效应的自主驱动模式。

更进一步地,企业在乡村振兴阶段的行动策略将实现个性化:基于企业家精神、乡村蓄能 – 企业资源需求匹配度、企业资源整合能力三个异质性行动逻辑变量构建的异质性行动策略模型——EMA模型,将指引企业能够较为精确地选择符合自身发展愿景、适合自

身发展阶段的行动策略，更能提升企业在实现价值创造的同时，助力乡村振兴的效率，政企扶贫纽带将全面升级为"乡村－企业价值共创纽带"，成为具有永续内生驱动力的政企村合作模式。

综上所述，"乡村－企业价值共创纽带"将具有良好的组织韧性，解绑声誉效应与监督效应，淡化乃至彻底褪去工具的性质，以价值创造为内驱动力加强企业抵御风险的能力。

本章小结

本章基于扎根理论方法，探索出以国家政策为引领、以社会影响力为助推剂、以企业家精神为内核的企业战略衔接的驱动因素体系，从政府、企业的多元层面构建了企业响应国家制度逻辑从"精准扶贫"到"乡村振兴"更替的动因；建立了企业内部价值链与外部城乡格局双轮联动的战略衔接模式，明晰了企业响应国家制度逻辑从"精准扶贫"到"乡村振兴"更替的路径。同时，在分析"精准扶贫"到"乡村振兴"的企业战略衔接时，进一步考虑企业产业特征，探索了企业在城乡格局"共性化"发展历程中的"个性化"战略选择。并以此为基础，论证了政企扶贫纽带在两个阶段的逻辑转换，解析出政企扶贫纽带将全面升级为"乡村－企业价值共创纽带"，成为具有永续内生驱动力的政企村合作模式，进而淡化乃至彻底褪去工具的性质，以价值创造为内驱动力加强企业抵御风险的能力，发挥治理效果。

第八章

从"光伏扶贫"到"光伏兴村"

——光伏科技企业的战略衔接经典案例

一、"光伏+"产业科技助力乡村振兴的理论与实践背景

2020 年，中国共产党第十九届五中全会明确指出了扶贫之路长效、持续的方向："优先发展农业农村，全面推进乡村振兴"，我国扶贫战略进入彻底摒弃"输血"式扶贫、深入推进"造血"式扶贫的新阶段。2021 年 2 月 21 日，中央一号文件发布的《中共中央国务院关于全面推进乡村振兴加快农业农村现代化的意见》（以下简称《意见》）指出"民族要复兴，乡村必振兴"，把全面推进乡村振兴作为实现中华民族伟大复兴的一项重大任务，从国家政策层面将乡村振兴的战略地位提到了前所未有的高度，举全党、全社会之力加速推进农村现代化势在必行。

乡村振兴是一项中长期战略规划，必须逐渐融入整体市场运行

轨道，贯穿于国家宏观经济的常态化运行之中。习近平总书记关于实施乡村振兴战略重要讲话中指出："要处理好充分发挥市场决定性作用和更好发挥政府作用的关系"，因此长远推进乡村振兴，"政府之手"要将更多使命交予"市场之手"。企业作为市场经济的主要参与者，在精准扶贫时期，"万企帮万村"发挥了重要作用；而在乡村振兴阶段，企业的参与逻辑需要转变——不再是帮扶的定位，而是需要发挥市场优势，构建可持续的商业模式，开启价值共创的"万企兴万村"的振兴行动。

《意见》对全面推进乡村振兴的路径给出明确指示："坚持创新驱动发展，以推动高质量发展为主题"，表明了国家对乡村振兴战略推行的"科技含量"要求。本章内容正是在这样的背景下，总结梳理高科技含量的精准扶贫工程——光伏扶贫的收效与经验；进而结合乡村振兴战略的要求，探索衔接光伏精准扶贫的"光伏+"乡村振兴科技产业路径；最后基于光伏产业领军企业的先行实践，论证"光伏+"产业模式助力乡村振兴的潜在收效。

2015年1月，光伏扶贫以其符合贫困地区实际、符合绿色发展要求、收益长期稳定等特点，被国务院扶贫办确立为十大精准扶贫工程之一。2016年，国务院印发《"十三五"脱贫攻坚规划》，在"产业发展脱贫"一章对开展光伏扶贫工程做了总体要求，进一步体现出光伏扶贫的产业优势，受到了国家政策的大力支持。有关光伏扶贫的理论研究，对光伏扶贫的经济属性和可持续性已有较为成熟的论证（魏晓波，2016；郭建宇、白婷，2018；刘学敏，2020），光伏扶贫在实践中的发展模式和收效也有完整的概括总结（施海波等，2019；刘学敏，2020；王亚华、舒全峰，2021）。此外，对光伏扶贫过程中存在的问题及解决途径也形成一些研究成果（李昕，2014；杨鲲鹏，2017；李芳华等，2020）。精准扶贫已经圆满结束，但光伏扶贫所形成的乡村光伏产业却大有作为，这一成功的产业扶贫模式值得进一步延伸探索。

乡村振兴是国家重大发展战略，顶层设计的理论指引尤为重要：理论界对乡村振兴战略推进的制度保障开展了较为深入的分析（阿布都伟力·买合普拉，2021），特别强调了要根据不同地区的实际状况，制定适合本地区乡村振兴的政策；张志银（2021）指出财政政策的延续性和全面性对乡村振兴的重要性，党组织的乡村治理体系设计也至关重要。在实现路径层面，现有研究主要围绕公共政策展开探索。农业产业化发展是乡村振兴之路的趋势之一（严红，2021），推动传统农业生产到现代农业经济的转型；优化乡村人口结构、扩大农村土地集体产权结构开放性、提高资源配置效率等都是迈向乡村振兴的挑战与战略（叶兴庆，2021；孙乐强，2021）；构建城乡一体化和均等化的社会权利和机会体制更是乡村振兴的必由之路（王春光，2020）。与此同时，乡村振兴实现之路上精神文明建设必不可少，农民幸福感的提升也是重要环节（罗必良等，2021）。乡村振兴的实现需要全社会的配合与行动，不仅要周密完善的顶层设计、有序科学的公共政策配套，还要市场经济主体的配合助力，长久来看需要激活市场力量助力乡村振兴的内生动力（贾明、向翼，2020）。因此，企业应当逐渐摒弃扶贫公益思维，在乡村振兴阶段构建价值共创、互利共赢的振兴思维（刘慧等，2021），将乡村振兴的总体要求与产业扶贫结合，探索形成多元化、多模式的产业是企业等经济主体在乡村振兴的有效路径（郭俊华、卢京宇，2021）。

已有关于光伏扶贫的研究中，已经对光伏扶贫的可行性及战略属性展开了详尽的研究与探讨，结合实践案例论证了光伏扶贫能够形成可持续发展的产业模式；同时光伏扶贫的发展模式、投入与收益模式等过程也形成了成熟的经验总结，可能存在的问题和解决途径也已开展探索。光伏扶贫的成功经验指出了一条乡村振兴的科技产业之路，如何从光伏扶贫升级到"光伏+"乡村振兴，需要进一步的论证分析，探索"光伏+"产业科技助力乡村振兴的可能路径。已有关于乡村振兴的学术研究中，对国家政策顶层设计的解读及研究比较充分，公共政策层面的主线思路和实践路径的研究最为集中。然而针对市场经济主体如何落实跟进乡村振兴战略，尚处于初步探讨和思路创建的阶段。如何发掘企业等经济实体助力乡村振兴的内生动力，探索产业发展与乡村振兴价值共创的新业态，需要更多的路径研究和实践案例支撑。

综上分析，在理论层面，本章阐述的内容立足国家乡村振兴战略要求，协调平衡企业助力乡村振兴过程中的商业逻辑与社会公益逻辑的冲突；通过解析光伏产业的企业衔接精准扶贫时期"光伏扶贫"的效果及经验，构建"光伏+"科技产业进阶发展路径，探索企业实现自身产业发展结合乡村振兴需求的新业态模式。在实践层面，通过代表性光伏扶贫企业的案例分析，深度了解光伏扶贫的经验，论证"光伏+"产业科技助力乡村振兴的潜在收效。

本章内容紧密联系企业实践，关注产、学、研的有机结合，跟进调研光伏龙头企业的乡村振兴之路，为"光伏+"产业科技助力乡村振兴路径提供可行性论证与收效预判。作为本著作的最后一章，本章内容聚焦于"光伏+"乡村振兴科技产业，通过这一经典的范式展示企业从"精准扶贫"到"乡村振兴"的高效战略衔接，为科技型企业跟进乡村振兴国家战略、开创新业态实现价值共创提供思路，为国家引导市场力量助力乡村振兴提供政策建议。

二、"精准扶贫"时期光伏扶贫的经验效果分析

光伏扶贫主要是在住房屋顶和农业大棚上铺设太阳能电池板，"自发自用、多余上网"。也就是说，农民可以自己使用这些电能，并将多余的电量卖给国家电网。通过分布式太阳能发电，每户人家都将成为微型太阳能电站。光伏扶贫是国务院扶贫办 2015 年确定实施的"十大精准扶贫工程"之一，充分利用了贫困地区太阳能资源丰富的优势，通过开发太阳能资源，连续 25 年产生稳定收益，实现了扶贫开发和新能源利用、节能减排相结合。利用光伏发电来帮助贫困人口脱离贫困是非常有效的途径之一。

光伏扶贫的收效立竿见影，在精准扶贫时期的实施效果量化可见：2015 年，全国光伏精准扶贫试点建设规模达 1836 兆瓦，年均收益 22.6 亿元，投资收益率接近 13.72%；近 43 万建档立卡贫困户实现增收，其中包括 8.8 万户失能贫困户，解决了 956 个贫困村无集体收入的问题。在我国 832 个贫困县中，有 451 个县年均等效发电时间超过 1100 小时，适合发展光伏精准扶贫。中央财政 2018 年 11 月就已经提前下达全国 28 个省区市 2019 年中央财政专项扶贫资金预算 909.78 亿元。2018 年 11 月由 13 个国家部委、机关联合下发的《关于开展扶贫扶志行动的意见》中，光伏扶贫也被重点提及：规范

光伏扶贫产业，增强"造血"的能力。2020年3月24日，国务院扶贫办官网发布《近期脱贫攻坚重点工作最新进展》，总结了截至3月20日国家各项脱贫攻坚工作情况，光伏扶贫在打赢脱贫攻坚战所取得的关键作用获得高度肯定。

光伏扶贫作为精准扶贫的标杆性工程，也总结了大量成功的产业扶贫经验。就扶贫产业模式来看，光伏精准扶贫形成了四种主要模式：

（1）户用光伏发电扶贫。利用贫困户屋顶或院落空地建设的3—5千瓦的发电系统，产权和收益均归贫困户所有。这种模式以贫困家庭为单位安装光伏发电设备，按发电量补贴家庭收入，真正做到了扶持对象、资金使用、措施到户的精准实施。

（2）村级光伏电站扶贫。以村集体为建设主体，利用村集体的土地建设100—300千瓦的小型电站，产权归村集体所有，收益由村集体、贫困户按比例分配，其中贫困户的收益占比在60%以上。

（3）光伏大棚扶贫。利用农业大棚等现代农业设施现有支架建设的光伏电站，产权归投资企业和贫困户共有。该模式已经初步升级了单纯的光伏扶贫产业模式，形成了"光伏+"的产业升级，通过采用"光伏+农业大棚"的捆绑模式，给贫困户带来多元收益。

（4）光伏地面电站扶贫。利用荒山荒坡建设10兆瓦以上的大型地面光伏电站，产权归投资企业所有，之后企业捐赠一部分股权，由当地政府将这部分股权收益分配给贫困户。该种模式是光伏扶贫产业的规模化探索，将单个贫困户无法建设利用的光伏场地规模化整合，提升了光伏扶贫的产业效率。

光伏扶贫最大的特点是初期投入固定，未来收益稳定且持续时间久。因此光伏扶贫的"破局"关键在于初期建设的资金投入，在精准扶贫时期，国家引导、市场配合，探索形成了四种比较成功的资金投入模式：

（1）扶贫资金＋贫困户银行贷款。即政府出资 70%，政府担保，贫困户从信用社贷款 30%。

（2）扶贫资金＋企业垫付。即政府出资 80%，企业垫付 20%，后期贫困户以发电收益分期偿还企业。

（3）扶贫资金＋地方财政配套。即由地方财政配套，贫困户没有负担。

（4）扶贫资金＋地方投资公司垫付。即政府出资 70%，当地投资公司垫付 30%，后期贫困户以发电收益分期偿还投资公司。

综上所述，在国家的"精准扶贫"战略目标下，我国政府和市场协调配合，探索出了光伏扶贫这一具有可持续性的产业扶贫模式，在精准扶贫时期协助贫困户、贫困地区建设光伏发电设备，精准协助其脱贫，取得了显著收益，也总结了成熟的经验，精准扶贫已经取得圆满成功，但光伏扶贫的收效还在持续。

三、"光伏＋"产业科技助力乡村振兴的路径研究

"精准扶贫"时期，光伏扶贫模式主要是发挥其基本功能——发电，扶贫路径可以概括为：自发自用、多余上网，即一次性投入光伏设备建设，后续可以通过为贫困户发电创收。进入乡村振兴时期，光伏产业的收效还在持续，光伏发电具有绿色、高效、产业形式灵

活等特点，直接契合乡村产业振兴和生态振兴，因此极具科技含量的光伏产业应当探索更多路径发挥产业力量，助力乡村振兴的更多维度。结合光伏扶贫的经验以及光伏科技的特点，本著作的研究探索"光伏 +"产业科技助力乡村振兴的路径如下：

（1）光伏 + 农业：精准扶贫时期的光伏扶贫大棚已经对这一模式进行了初步实施，利用大棚顶上空位铺设光伏板，以光伏发电满足大棚的用电需求，大棚农作物可以创收，光伏发电的结余也可以上网变现，实现了"电 + 农作物"的双重收效。光伏科技的发展不断提升了光伏板单位面积发电能力，也不断简化光伏板使用流程，光伏发电具备了灵活、易安装易拆卸、发电地点普适等特点，因此在乡村振兴时期，"光伏 + 农业"的模式还应当因地制宜，探索更多可能的模式：光伏发电板依据日照条件按照一定的角度铺设好之后，板下空间"大有作为"，可以探索光伏板下种植喜阴、喜潮的经济作物，充分利用立体空间，提升土地利用率，打造立体空间内的"光伏 +"综合收益。

（2）光伏 + 渔业：光伏板的铺设地点限制较少，只需要充足的日照，那么水面（包括江河湖海）也是理想的铺设地址。因此，可以设计在水面上设立光伏发电板，水面下规划养殖鱼虾，形成养殖和发电并行的模式。充分利用广阔的水面资源，打造立体的水上空间创造"光伏 +"综合收益。

（3）光伏 + 畜牧业：草原、草甸所在地区往往日照充分，适合发展光伏发电。因此，可以设计在草原、草甸上设立光伏发电板，板下空间的草依然可以用以畜牧，形成畜牧和发电并行的模式。充分利用广阔的草地资源，打造立体的草地空间创造"光伏 +"综合收益。

（4）光伏＋生态旅游：随着国家"碳达峰""碳中和"目标的全面推行，低碳、绿色的观念越来越深入人心，低碳消费的理念将逐渐成为主流。光伏产业的特征之一正是绿色低碳。"生态旅游"是当下较受追捧的旅行模式，拥有光伏产业的乡村可以以此为发力点，拓展延伸光伏产业的收益模式：打造融合清洁能源、观光旅游、技术展示于一体的村镇项目，开发"光伏＋生态农业／渔业／畜牧业＋生态旅游"的全新赛道。不仅将光伏产业在空间上拓展使用，还要将立体的收益模式（光伏＋生态农业／渔业／畜牧业）进行文化包装，给这一全新的业态模式赋予概念价值，基于光伏科技实现第一、第二、第三产业的融合协调发展。

（5）光伏＋生产链：随着国家"碳达峰""碳中和"目标的全面推行，企业用电对清洁能源的要求越来越高。延续精准扶贫时期的集体光伏电站（例如村级光伏电站），可以将光伏发电在某些自然条件适宜的村镇进一步规模化，打造专业的光伏发电产业，吸引用电企业前来投资建厂。这一模式的发展将同时满足"双碳"背景下企业清洁用电的需求和乡村产业振兴的需求。

（6）光伏＋人才培养：构建光伏产业离不开技术的支持。精准扶贫时期的光伏设备搭设、构建维护主要是相关企业派专人展开。随着光伏产业在村镇的规模扩大，光伏板的安装、运行、维护等环节的专业人才缺口越来越大。依靠光伏科技收益的吸引力，可以吸引青壮年服务于当地的光伏产业，初期由专业企业和技术人才对光伏产业所在地的人员进行培训，逐渐培养一批能够熟练掌握光伏发电日常技术的人才，满足光伏产业用人需求的同时也实现了专有人才培养与乡村就业岗位供给。

（7）光伏 + X：随着光伏技术的发展，光伏板的发电效率、使用场所等都将不断进步。"光伏 +"的产业科技还将持续创造更多、更好的业态模式。本著作的研究团队也将持续跟进探索"光伏 +"产业科技助力乡村振兴的更多路径。

综上所述，在光伏扶贫的基础上，"光伏 +"能够探索构建多条新业态路径助力乡村振兴。不仅为光伏产业科技探索到了新的盈利增长点，激励光伏企业持续发挥产业优势，打造产业助推乡村振兴的双赢模式，还为科技型企业从"精准扶贫"到"乡村振兴"的过渡衔接提供了一条衔接思路。本著作的研究将基于光伏产业的特点，持续探索"光伏 +"产业科技助力乡村振兴的路径；同时还将基于实践案例反复论证路径的可行性。本著作设计的"光伏 +"产业科技助力乡村振兴的概念图，如图 8-1 所示。

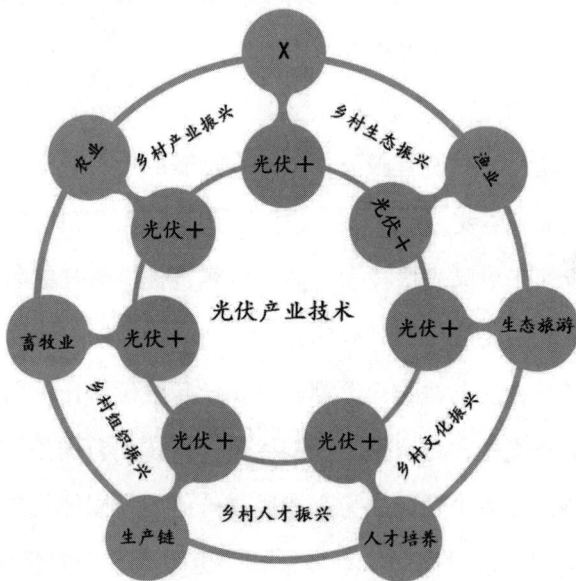

图 8-1 "光伏 +"产业科技助力乡村振兴概念图

四、"光伏 +"产业科技助力乡村振兴的潜在收效探索

在"光伏 +"项目的规模式落地前，需要进行可行性论证和样本企业示范，确保路径的科学可行。因此，本著作的研究在推进过程中对代表性光伏企业进行跟进的案例分析，实践论证"光伏 +"产业科技业态模式的可行程度和实施效果。

著作研究开展过程中，项目组对大量的扶贫标杆企业进行了深度访谈调研，已经获取了大量扶贫实践资料和案例，其中包含了两家"光伏扶贫"的代表性企业——隆基绿能科技股份有限公司、中国水电集团。基于前期的访谈资料和案例分析，已经获得了部分光伏扶贫产业延续的实践论证。

（一）隆基绿能科技股份有限公司的光伏产业之路——从"光伏扶贫"到"光伏兴村"

隆基绿能科技股份有限公司（简称隆基股份）成立于 2000 年，2012 年在上海证券交易所上市，是全球最大的单晶光伏产品制造商。隆基股份专注于单晶光伏技术，为全球客户提供高效单晶太阳能发电解决方案，主要从事单晶硅棒、硅片、电池和组件的研发、生产和销售，以及光伏电站的开发等业务。隆基股份依托长期积累形成的规模化生产优势、光伏全产业链优势、科技创新优势、品牌优势和人才优势，致力于发展成为全球最具价值的太阳能科技公司，促进光伏发电"平价时代"的早日来，让更多人享受光伏绿色能源。2020 年，隆基股份连续第三年入围财富中国 500 强榜单，入选中国

民营企业 500 强，位列 2020 年中国制造业民营企业第 157 位。

在世界范围内消除一切形式的贫困，是当今世界面临的最大全球性挑战，也是实现可持续发展的必然要求，位居 2030 年可持续发展 17 个目标中的第一个。中国打赢脱贫攻坚战，将历史性地解决困扰中华民族几千年的绝对贫困问题，为全球减贫事业做出巨大贡献，中国经验和中国智慧也将继续为全球减贫事业带来更多启示。2015 年 1 月，光伏扶贫以其符合贫困地区实际、符合绿色发展要求、收益长期稳定等特点，被国务院扶贫办确立为"十大精准扶贫工程"之一，得到了社会各界的认可。隆基股份坚持科技引领，结合光伏企业技术和产业优势，积极投身脱贫攻坚，主动将更好的产品、服务用到消除贫困项目中，通过建设高效光伏扶贫电站或提供先进高效的光伏产品，全面践行国家可再生能源发展战略和精准扶贫的指导方针，以"领跑者"的标准走出了一条高效消除贫困之路。

隆基在山西省大同县、山西省广灵县、河北深饶和海南白沙共建设有 100 兆瓦的光伏电站，支持当地的共计 3467 贫困家庭增加收入，通过光伏发电受益每户家庭每年可以获得 3000 元收入，有效地保障了他们获得长期稳定的受益，远离贫困威胁。

1. 隆基股份将"高效"理念融入光伏扶贫

近年来，隆基在扶贫领域供应高效光伏组件产品约 1000 兆瓦，持续 20 年帮扶全国近 35 万户家庭，持续 25 年使其获得稳定受益，帮扶贫困群众稳步脱贫，发挥了巨大的经济效益。2019 年，隆基组件事业部向云南省的光伏扶贫电站项目供应了 196 兆瓦高效光伏组件，占项目总体量的 85%，让 40 218 户的贫困户在光伏扶贫中受益。使用高效光伏产品，不仅在同样单位面积内提高扶贫电站的发电量，达到增加收益的效果，同时领先技术和产品的应用，也将长期充分保障电站质量和发电能力，助力建设质量放心的扶贫工程。隆基在光伏扶贫项目中，均采用了高效单晶硅光伏组件，将"高效"的特质注入到电站中，具有高转化率、高稳定性等明显优势，使用后发电量明显提高，令农户直接更多获益。在鄂尔多斯库布其沙漠投资建设的隆基高效单晶双面组件搭配斜单轴双面跟踪支架电站项目，达到了比常规光伏电站发电量提升 40% 的效果，减少了场地使用面积，这一优势在土地资源严重匮乏的延安及海南地区得到了充分的验证。

2. 隆基股份将"生态"理念融入光伏扶贫

隆基股份的光伏扶贫项目中，多参考当地环境与地形，因地制宜，采用生态发展的理念设计项目模式，力争不改变项目地原有的土地功能，将生态农业、光伏发电与扶贫三者融合。黄龙 30 兆瓦生态农业光伏发电扶贫项目及延川县隆基 15 兆瓦光伏扶贫电站项目中就采用了"光伏 + 农业"的复合设计思路，在开展电站设计之前确定了农业合作伙伴，并制定了电站设计围绕"扶贫电站 + 连翘种植"的设计思路。2017 年，隆基在宁夏回族自治区固原市的 544 所村卫生室屋顶建设 6.4 兆瓦的分布式光伏电站，利用光伏发电的清洁能源技术解决村卫生室的冬季取暖难题，基层村卫生室由原来的燃煤烧炉子取暖变为清洁无污染的太阳能发电供暖，为村民就诊时提供了良好的室内温度及干净的环境。隆基每年向所有卫生室提供 163.2 万元的取暖电费，进一步降低卫生室的燃煤使用，推进中国中西部贫困山区的清洁取暖和气候变化。

3. 隆基股份的"光伏 +"产业增收富民

光伏发电清洁环保、技术可靠、收益稳定，既适合建设户用和村级小电站，也适合建设较大规模的集中式电站。隆基股份在开展光伏扶贫时，结合农业、林业等开展多种"光伏 +"应用项目，拓宽贫困户的收入开源，实现"输血式扶贫"向"造血式扶贫"的模式转变，促进了当地特色产业的发展，持续提升了扶贫地区和贫困群众的自我发展能力；同时将生态农业、光伏发电与扶贫三者融合，有力地保护了当地的生态环境，在脱贫攻坚中不忘建设"绿水青山"。广西蒙山县高堆村"渔光互补"村级光伏扶贫发电项目将渔业养殖和光伏发电相结合，通过在水面设立太阳能电池板、水面下规划养殖鱼虾，形成养殖和发电并行的模式。建设光伏电站所需光伏支架选用带太阳追踪系统的转动支架，以保证光伏电站的高效运行和提高贫困村的收益。项目覆盖全县 6 个贫困村，可为每个贫困村每年增收 5 万元以上。在陕西省延川县，隆基股份的子公司隆基清洁能源打造了"光伏 + 农业 + 扶贫 + 旅游"的综合解决方案，并将其引入光伏电站的设计、开发与建设中。不仅通过光伏电站为村民带来稳定扶贫收入，隆基还积极同相关农业专家进行交流，充分利用电站的下部空间进行连翘等经济作物的生态种植生态、观光农业旅游项目的开发，打造出集光伏发电、农业种植、旅游观光于一体的绿色生态走廊。

隆基绿能具备了光伏发电全产业链布局的能力，因此在精准扶贫时期，隆基的光伏扶贫工程走在全国前列，也是最早一批小范围试验"光伏 +"产业科技发展业态的企业。这一系列全新的"光伏 +"产业科技发展业态已经接受了实践检验，形成了"光伏 +"助力乡村振兴的产业案例。

（二）中国水电顾问集团的光伏产业"扶贫兴村"之路

中国水电顾问集团投资有限公司是大型国有中央企业中国电力建设集团有限公司（简称中国电建）的成员企业之一，是中国电建国内、国际可再生能源重要的投资运营平台。中国水电顾问集团投资有限公司目前主要致力于风电、水电、光伏发电等可再生能源项目的投资开发。

国家精准扶贫政策发布后，中国水电顾问集团充分发挥行业优势和业务特色，努力探索扶贫方式，投资开发了国家第一批集中式地面光伏扶贫项目——河北北庄堡光伏电站，收效良好。河北省怀安县为国家扶贫工作重点县，县境内的贫困村共计115个，贫困对象约3.5万。中国水电顾问集团的光伏扶贫项目为小型太阳能光伏发电工程，装机容量8兆瓦，生产运营期20年。电站运行期内上网电量总计为22 993万千瓦小时，解决了当地约320位扶贫对象的脱贫问题。

在"精准扶贫"后期，中国水电顾问集团已经开始积极探索光伏产业的延伸可能，设计了典型的"光伏+"产业科技业态模式。在海南首创开发了渔光互补电站，即在光伏板下面设计鱼塘，既利用了光伏板下面的空间，又能为渔业及周边地区提供电能，同时招募当地居民工作解决当地就业；获得了一举多得、互利共赢的效果：依靠行业特长布局光伏发电，产生的清洁能源契合了生态振兴；鱼塘更进一步高效利用空间，给村民提供多重创收手段。这样的渔光互补逐渐形成产业规模，就可以带动一大片地区产业发展，也给大量的乡村人民提供劳动岗位。而整个过程中，企业也扩展了产业，提升了收益率，开发了新业态。"光伏+渔业"创造了"渔光互补"新业态，也接受了实践的检验，形成了"光伏+"助力乡村振兴的产业案例。

本章小结

光伏扶贫以其符合贫困地区实际、符合绿色发展要求、收益长期稳定等特点，被国务院扶贫办确立为"十大精准扶贫工程"之一。光伏扶贫模式在"精准扶贫"时期已经取得良好收效，拓展延伸光伏扶贫的经验、构建"光伏+"产业科技助力乡村振兴，能够形成互利共赢的格局：成规模推广"光伏+"产业，进而带动地区产业发展，给乡村持续提供劳动岗位；企业同时也扩展了产业，提升了收益率，开发了新业态。因此，本章内容探索"光伏+"产业科技助力乡村振兴的路径，能够促进企业与乡村双赢局面的形成，预期将产生良好的经济效益。同时，如何有效衔接"精准扶贫"与"乡村振兴"这一问题，是五年政策过渡期的难点问题。本章内容基于精准扶贫的重点工程——光伏扶贫的产业特色，探索分析光伏产业"扶贫"与"兴村"战略衔接的路径。光伏科技以产业延续升级的形式巩固脱贫攻坚的成果，持续助力乡村振兴，向全社会经济体探寻"精准扶贫"到"乡村振兴"战略衔接提供了示范性案例，预期将产生良好的社会效益。

首先，本章内容定位了"精准扶贫"到"乡村振兴"的光伏产业衔接模式：通过充分总结梳理精准扶贫时期光伏扶贫的经验收效，进而从中探寻光伏产业科技延伸到乡村振兴时期继续发力的接口，为科技型企业依托产业特长、衔接"扶贫"与"兴村"战略提供示范思路。

其次，本章内容探索了"光伏+"产业科技助力乡村振兴的可能路径。结合光伏扶贫的成效与光伏产业科技的特征，探索"光伏+"产业科技发展的可行路径，进而从乡村振兴的多个维度设计"光伏+"产业科技助力乡村振兴的抓手。

最后，本章内容论证了"光伏+"产业科技助力乡村振兴的潜在收效。在光伏产业科技理论支撑的基础上，深入调研"光伏+"产业的先行实践企业，综合论证多种"光伏+"产业科技发展路径助力乡村振兴的有效性。

综上所述，就国家政策建言，本章构建了衔接光伏扶贫的"光伏+"乡村振兴路径，并基于代表性企业的先行实践成果论证了"光伏+"产业科技的收效，为国家引导市场力量助力乡村振兴提供政策建议。就企业实践指导，本章探索了光伏企业的乡村振兴路径，在光伏扶贫的基础上开拓"光伏+"产业布局，依托企业产业优势升级业态模式助力乡村振兴，为科技型企业跟进乡村振兴国家战略、创新业态、实现价值共创提供思路。

————

优秀扶贫兴村企业访谈记录（节选）

一、陕西省国际信托股份有限公司第一次访谈记录

访谈时间：2020 年 2 月 4 日

访谈人物：企业工会主席、企业扶贫驻村干部

访谈内容：录音

项目组成员：

其实大家都能理解的是，企业是一个以盈利为目的的社会组织，不可能说一味地只是去做公益，去做慈善，去一味地投入资金。长久而言，企业必须有内生的动机，就是说企业能获得怎样的内生的动力。我们今天主要想跟您探讨请教的就是这个问题。

企业工会主席：

说扶贫的内生动力，说大一点是家国情怀，说中一点是企业社会责任，说小一点就是企业声誉。国有企业还有个动机就是，让我

们的干部职工对中国社会、对最基层的群众都有了解，对国情有更深入的了解，对干部的这种思想教育不能松懈。

项目组成员：

咱们公司在精准扶贫时期的主要扶贫模式是什么？

企业工会主席及驻村干部：

我们目前在扶贫上是几大块：

第一大块是两联一包。我们有三个扶贫干部驻村，驻村我们都做什么工作？协助村党支部、村委会去做"三农"工作，给群众把政策宣传到位，尽最大努力地使群众都受益于国家的扶贫政策，让国家那么多的好政策落地，落到身上，而且要监督这些事情的开展是公平、公正的。再一个，对群众从思想精神状态上动员他们脱贫奔小康，这是我们必须努力的事。群众脱贫的志气和决心上来了，才能从根本上解决问题。

第二大块的投入就是直接资助贫困村的基础设施建设。我们修路、打井，解决群众困难。我们帮扶的那个村子，生产、生活中缺水，只要有安全稳定的用水，很多问题都能解决。我们去之前，村里原来有的三口深井几乎已经报废了，我们出资洗井，让它重新出水，而且配电保证更高效地出水。村里一共有 13 个村民小组，原来才 3 口井，还全报废了，群众生活确实遇到了切实困难。我们又打了 15 口井，冲洗加压，自流到群众家里，然后又铺暗管流到群众耕地地头，地头安装水阀门，打开水就出来了，在地边就可以用水浇灌了，这样的话只要有水，经济作物立马就起来了。原来那里苹果品质不好，产量不高，现在品质好、产量高，翻了一番。村里的花椒、苹果等特产卖得都很好，这样的扶贫模式解决了村里群众的长久问题。

还有一块我认为更重要的投入：扶贫先扶智。我们认为上学是最重要的，上学是拔穷根的，培养一个孩子出来，全家都不用愁了，家里绝对返不了贫了。所以村里不管小学、初中、高中、大学，只要上学有困难的，我们都资助，只要考上大学的我们每年都会有资助。我们从2016年到现在资助了140多名学生，乡村振兴阶段这项工作会长期坚持。有些群众大病报销，各种医疗政策覆盖完以后，自费部分负担不起很容易返贫，我们企业既然帮扶这个村，那就是有责任让群众们过得更好，我们得让每一个乡亲都不能掉队。

项目组成员：

我们听得很感动，真的是大企业有担当。乡村振兴时期呢，咱们会有什么进一步的战略安排吗？

企业工会主席：

我先讲个小插曲。村里的苹果、花椒长得特别好。然后我们每年年终答谢客户的时候，都会把这些做成特产包送给大家。这些客户拿到以后一看，这两种土特产品质都很好，是具有标志性的地理区域产品，有些客户就会主动打电话去向他们采购。

这个给了我们一个启发。我们可以顺应年轻人潮流，发展电商，让村里那么好的农产品走出去，打开销路。这正是村里摆脱绝对贫困后，我们要带领群众致富兴村的一个非常可行的路子。我们去年在村里给他们建了电商渠道，买了电脑，加了网线，然后教他们去开网店，这有个附加的好处，吸引回来一大批在外务工的年轻人发展电商。现在初见成效了，你们去搜搜这个花椒，销量特别大。你在我手机上看这个网店，你看有不少人在问这个村里的花椒、核桃、苹果，今年早早地都收完了。这是很成功的新模式探索，这就是在兴村。

咱们能看见变化就很欣慰，不辜负党、不辜负人民。在做这些努力之前，他们可能都没有销路，当然产量也不高，品质也不好，那会儿没水啊，投入的人力、智力都不够。现在你到村上去看，马路两边不是核桃就是花椒，特产一年比一年摘得多。

项目组成员：

感谢咱们企业的付出，感谢这么多党员干部的殚精竭虑。

企业工会主席：

还有个事也很有意义。当时我们另外负责帮扶的一个县，当地有一家企业，××大药房①，就是卖药的零售店。主要的销售市场就是以农村为主，药房的创始人是个军转民的民营企业家。他主要在襄阳周边一些农村去做，当时他想发展壮大，因为他没有重资产，没地没房，都是租的，所以没人给他贷款，金融机构给不了他资金。

我们现场考察了以后，觉得这位农民企业家人品很好，为人做事很正派，而且他的发展思路也很好，我们觉得他的药店模式在农村还是能够铺开的，然后我们给他第一笔融资是 3000 万元，优惠了 150 万元的利息。我们把资金投入进去以后，他就很快铺开店铺，开店以后，因为金融机构有一个生态效应，我们一进去，指导他一些财务制度，报表等这些管理模式就比较规范化了。所以第二年其他金融机构接连地也就给他贷款了，有两家金融机构都给他贷了，一家 3000 万元，另一家 4000 万元，很快地就发展起来了。我们进去

① 未经药房负责人授权，此处做隐名处理。

引入淳化的时候，他在咸阳地区的门店数量是 170 家，现在他的门店数量有 400 多家，是当时淳化县两个上千万纳税的企业之一。这个效果就非常明显，这些店铺开以后，规模放大，每个店的利润率在逐年在上升；而且还解决了当地许多群众的就业问题，真的是产业带动兴村。

项目组成员：

咱们企业设计并付诸实践了越来越多的兴村路径，扶贫兴村的干部也付出了很多。

企业工会主席：

驻村干部家也顾不上，真的是一种家国情怀，驻扎村里一待就是好几年。

项目组成员：

您对乡村振兴时期的工作难点有什么看法？如何有效衔接精准扶贫时期的成果？

企业工会主席：

我觉得第一个就是巩固成效，防止返贫。这些年下来，我们发现大病是返贫的一个主要因素。我去年已经在尝试这个事的新思路，为群众预防大病出点儿力，红十字会医院的专家团队经常去做一些慈善，就是到农村去义诊，我就联系他们。因为群众想去大的城市来看病是不容易的，准备条件具备的话，我们公司出钱和医院团队签一个这种定期的巡诊协议，尝试定期去村里义诊，带给群众健康指导。比如说，一个季度去一次，义诊同时科普教育群众的吃喝、讲卫生，有病及早地可以得到专家的指导，不把小病拖大病，我觉得这是我在乡村振兴时期想做的第一件事情。

再一个还是扶智，扶贫先扶智。只要勤快的人不会穷，现在因为水都在地头了。所以这一块我想了一个措施，就是让他们怎样才能动起来保障收入。我盯上一个村镇的技术团，就是苹果的专家技术服务团队。对苹果技术指导，采销产业指导、技术栽植培育和销售生产的整个一条龙服务的专家团队，我准备和他们签一个协议，我们公司付服务费，你给群众来指导，那么让富的人更富，才能拉动穷人。也就是说，乡村振兴这一块主要还是要在产业上发力，依靠产业发展。

再比如，村镇新招商的一些项目落地，我们在融资方案上提供技术服务，如果条件成熟，我们也可以提供以信托方式的金融服务，然后对想引入的一些到农村能够扎根下来的一些产业和项目，可以一起商量怎样从金融措施扶持上能够把它拉进来，给它提供支持。

还有，就是要因地制宜，生态振兴。淳化县是一个没有工业污染的生态县，绿色生态环境非常好。有了一个绿色产品环境，在这里引导群众搞药材制种植以增加收益，市场现在都在想哪里能采购一些高品质的中药材，中药材对环境要求很高。县里搞起来生态种植中药材，然后就是在产业链上延伸，原来原材料销售是个终端，现在到了前端是药材种植，这两项都具备，后面就可以引药企进来。我接触了一个立体化种植的专家，他说有些药是要在果树底下长的，有些是要和一些农作物套种的，所以说他要做一个科技的一个立体农业产业园，以药为主，发展其他配套种植来取得综合收益，确实很有想法，然后我跟他说，你把县里这 1000 亩就做成一个示范园，然后群众就跟着你这儿走，你的技术覆盖群众自己的地，用你的苗，用你的种，用你的技术，产品你回收，你就带动起来，公司加农户收购就行，收购就可以了。这个为什么我想突破？我觉得最难得可贵的就是生产环境，还是要在绿色产品、绿色产业上多发展。

乡村振兴，企业大有可为，你看我所说的这些大大小小的事，其实短期、中期乃至长期的规划都有了。

项目组成员：

谢谢您的耐心回答，更要谢谢咱们公司为扶贫事业做出的卓越努力。

二、隆基绿能科技股份有限公司第一次访谈记录

访谈时间： 2020 年 2 月 5 日

访谈人物： 公司企业社会责任（CSR）经理

访谈内容： 录音

项目组成员：

您好！我们今天这个访谈会根据初定的访谈提纲，您畅所欲言，想到哪里说到哪里，咱们大致有个方向就行，是一个半结构式的访谈。第一个点，咱们肯定要先了解一下，在精准扶贫这五年，想听您具体地聊一聊咱们企业在做这个过程当中，最开始是怎么做的，然后有了哪些思路，就是这样一个精准扶贫阶段的一个概括。

公司企业社会责任经理：

我们也非常高兴有机会跟咱们各位老师来沟通分享这方面的一些工作。扶贫这件事，其实无论是公司，还是我个人都比较感兴趣，因为我本身也是学社会学专业的，所以现在站在企业这个角度去看

扶贫的一些情况。

首先我把公司的背景也跟您介绍一下。隆基所做的一些扶贫也是从自身的业务产业情况出发。隆基刚进入这个产业时候只做单晶硅片，隆基在2012年上市，2012年以后刚好也是中国的光伏行业整个一个大转折时期。这个节点以前，中国的光伏行业是属于"三头在外"，即市场在外，技术在外，知识产权在外，只有一个环节在国内，就是制造。中国光伏的第二季就是企业开始在这个行业继续拓展发展，隆基在2014年开始介入到下游，开启了上下垂直一体化的发展模式。到2018年，基本上成为这个领域的龙头企业了。我们上游的硅棒主要生产基地在宁夏、云南。中游主要是在江苏、安徽、浙江等地区，就是工业配套，还有市场需求比较好的一些地区。海外的话，马来西亚、越南都有产业链上的工厂，目前隆基在市场占有率还有技术水平上都是全球领先的，全球前十名的光伏企业里基本没有国外的企业，都是我们中国的企业。光伏产业一起步就是国际产业，我们再通过技术革新和技术引领，不断地降本增效，一直朝度电成本一个目标努力，让度电进入平价时代，简单来说就是光伏的发电成本等于或低于火电，那就有竞争力了。否则，你只有单纯的环境效益，如果光伏的发电成本依然比火电的成本高的话，则不可持续。因为我们国家目前是以煤为主的一个能源体系，所以我们的煤电是具有标杆性的，那么煤电的成本现在是三毛五，而光伏在十年前发电成本是两块四，现在你们猜我们光伏可以做到多少？一毛钱一度电。所以光伏在过去的十年下降了90%的成本，这个成本下降是非常快的，比如说我们的单晶硅片，十年前一张卖到100元，现在就是两元多钱，不到三元钱。那么你想一想基于它再往下游去做，它的成本就下降得更快，所以就是说从去年国家开始提出"碳中和"战略，这个政策我们很关注，以目标倒逼产业改革、产业升级。光伏技术现在来讲，全世界的主流技术95%都是晶硅。隆基一直坚持做，因为我们认为单晶才是未来平价时代的出路，所以隆基专注在这个领域持续做。

隆基的技术突破之一就是在拉单晶的过程中，我们在全行业推广的技术在降本增效方面做出了非常巨大的贡献。技术支持下做出硅片以后，就到了第二个环节，就是我们基于硅片上面去印电路，这时候它就变成我们的电池片。然后用电池片再去做什么呢？做组建，组建是我们的术语，就是我们大家看到的太阳能电池板。因此光伏发电的特性就是说它灵活性非常高，我一块板子也可以发电，我几万块板子也可以发电，所以因地制宜，灵活性非常高，它是最灵活的一种分布式电源。那么第三个环节就是电站环节，电站环节基本上从行业来讲，分成两大类，第一类就是大型的地面电站，第二类叫分布式电站。

为啥讲这么多光伏发电的事？就是因为扶贫这个事情跟光伏紧密相连，它紧密相连在什么地方？现在的光伏扶贫，有很高的科技含量，光伏技术的飞速发展为光伏扶贫奠定了基础。分布式发电打破了我们一个传统观念，原来我们大家用电从来没发过电对吧？但是比如说你自己家的屋子房顶安装了太阳能板，就是分布式发电，尤其是家用的，就是我既是电力的消费者，又是电力的生产者，这种发的电我们叫"自发自用，余电上网"。是什么意思呢？光伏发出来的电首先供自己家的小系统使用，如果你自己家用不了的，它就自动会去上网，上网卖给电网公司，电网公司再根据你供电的程度来进行结算，这样是不是就变成收入了？如果没有这个逻辑存在的话，光伏扶贫是不会带来效益的。这是分布式发电的逻辑，真正做到了"授之以渔"，隆基在光伏产业链里面基本上是占全的。我们从上游的硅片硅棒到下游的电站都在做。

国家政策上来看，大概在 2014 年—2015 年开始推广光伏扶贫。光伏扶贫最后被确定为"中国十大扶贫"精品工程，它的逻辑就在于贫困村之所以贫困，很多是因为资产或者资源贫困，没有发展的资源，没有发展的资产。咱们国家在发力为贫困地区创造资产，国家以财政的力量投入给贫困村、贫困集体建设集体资产，这个资产是可以产生收益的。光伏扶贫的这个特点就很明显，光伏发的电不仅自己用还可以卖给国家电网。投建一个光伏电站，它可以发 25 年的电，25 年的话不断地可以发电，结余的还可以卖点儿，这就相当于是个聚宝盆，不断地给村集体带来收入，进一步摆脱贫困。对于我们国家来说，还同时得到了绿色的电力，这是符合"碳中和"理念的社会效应——多发、多用一度绿色的电，就少用一度火电，这个事情可以持续。

再说回隆基，其实我觉得我们的扶贫可以总结成两块内容。第一块就是光伏扶贫，隆基是这个行业的领先企业，我们会提供好的产品、好的服务、好的技术，让贫困户带来更稳定、更长期、更持续的效益。我们粗算，给扶贫这个领域里面供应的电站大概能让 35 万户的村民受益。而且我们提出了领跑者标准，在光伏这个行业里，国家能源局设定一个项目，叫作"领跑者"项目，就是把技术领先的一些项目集中起来，然后国家去投资，对技术标准例如转换率是有高要求的，所以我们隆基承接过这样的项目，我们以最好的技术去做这种领跑者项目，进而用领跑者项目的产品和服务去服务这种扶贫电站的项目，以领跑者的标准来推进扶贫电站的建设。在国家政策的支持下，我们投入建设了大型的扶贫电站，建完以后村民按照扶贫的约定，每年通过扶贫办来给贫困户来分收益，每年每户3000块钱，然后我们就每年会付扶贫收入。

还有一块是我们自身的业务带来的扶贫效应，其中最典型的就是我们的生产布局。比如说我们2015年开始布局了云南，在云南我们的投资量现在应该接近200亿，吸纳的就业人数到今年年底应该是超过差不多一两万人了。在云南的贫困地区，我们布局了工厂，在当地吸纳就业，让人们有技术、有工作，就是说我们的产业布局所带来的就业效应发挥了间接的扶贫效应。

项目组成员：

我们听完长了很多知识，了解并理解了光伏扶贫的逻辑和可持续性，感谢您的耐心解答。咱们国家现在的政策是要巩固脱贫攻坚成果，开始迈入乡村振兴，在这个过程当中，咱们是不是重新规划的企业未来要怎么走，您觉得光伏扶贫的成果如何延续到乡村振兴阶段？

公司企业社会责任经理：

光伏扶贫这个过程里面，我觉得企业本身就是一个价值共创的过程。把扶贫单纯地理解为企业单边的一个付出，它的持续性就会弱一点；但是如果扶贫这个事情能跟企业本身的业务，从它自身的生产运营和业务活动结合起来，就是一个价值共创的过程，更具有持续性。

2020年是一个大的转折年，消灭了绝对的贫困，我们要迈入乡村振兴。我们从去年开始就已经在做这方面的工作。我们也根据国家现在与乡村振兴有效衔接的政策，也在做这方面的一些调整。我们社会责任的三个方向也是与乡村振兴直接相关的。

第一个还是产业振兴。我们本身的产能布局现在就在云南等地持续推进，这个本身就是当地的一个就业的稳定渠道，在当地还是非常有影响力的，而且持续扩大。

第二个是支持教育，为人才振兴发力。脱贫以后，教育帮扶也是要长期做的，通过这种基础教育的支持培养人才，从根上防止返贫。

第三个就是我们的能源与气候行动，为生态振兴发力。对于隆基来讲，本身我们是做清洁能源的，国家提出了"碳中和"，那么"碳中和"里面其实有一个巨大的挑战就是散煤燃烧。火电厂还好，集中发电集中处理，但散煤燃烧遍布乡村，尤其北方的乡村，你用什么来替代？要大力发展清洁取暖，这个事情就跟公司的业务直接相关。比如说我们从社会责任的角度去推动一些乡村的、社区的清洁取暖转型，光伏对村民取暖来讲实用性很强，比如光伏的水暖炕，它有几个优点：第一它不用烧煤烧柴，减少了室内的空气污染；第二就是它能带来收益，冬天可以取暖，夏天不取暖也会照样发电，夏天的电费收入还增加了收益。

项目组成员：

您觉得作为企业来说，在做这些具体的规划的时候，无论是承担企业社会责任，还是说做出一些社会贡献，除了家国情怀还有什么驱动因素或者是动机？

公司企业社会责任经理：

首先，就是我刚才讲到可持续的扶贫，实际上是要跟企业的业务结合起来的，是一个价值共创的过程。我觉得作为企业，我自身的感悟就是说如果要跟扶贫或者是后面的乡村振兴相结合，它一定是跟它的核心业务要有一个价值的结合体，它实际上是个价值共创的过程，做好扶贫兴村实际上是有利于自己的业务的，它不是单纯地增加成本的一件事情。

当然还有一点很重要，就是有能力的企业有责任和义务让社会变得更美好，让这个社会更加公平。这肯定是所有人（包括政府，及所有的群体）共同的一个愿望，也是共同的责任。因为我觉得从终极价值来讲的话，一个企业怎样才算是一个好企业？你如果在一个很不好的社会里，怎么可能会突然冒出来一个很好的企业呢？这就是鱼和水的关系。如果这个企业它通过自己的业务结合，让社会变得更美好、更公平，然后城乡差距更小，实际上也是有利于我们企业自身的一个成长。如果我们通过精准扶贫以及之后的乡村振兴，让大家的经济更加均等化，城乡区域差距缩小，乡村购买力上升，那我们实际上市场需求也在扩大，这就是一个价值共创的过程。

项目组成员：

您刚刚提到了一个特别好的点：城乡差异缩得小了，市场的需求也扩大。但是城乡差距的缩小是一个漫长且艰苦奋斗的过程，如果真的就是社会的经济越来越平等，差异越来越小，越来越公平的环境，迈向共同富裕，这是更长远的观点。

公司企业社会责任经理：

对，这就是我们一个观点，这其实就是鱼和水的关系，不可能在一个糟糕的社会里面有一个好企业,是吧?就是说,如果让社会变得更美好,那么企业有其自身的使命和其自己的特点,其实更多的是要通过自己的创新。比如说对于隆基来讲,布局这样的扶贫兴村产业,我们自己产业也发展了,所在地的行业也带动了起来,紧接着就带来了就业,扶贫效果就出来了。对于企业来讲,去捐点儿钱给贫困地区有一点儿作用,但我认为企业真正应该发挥其最大的促进性。促进产业振兴了,对当地人口也是新的支持,因为他们不用去外地再打工,你像我认识的我们一个工厂的,原来在外地打了好多年工,我们在那儿建厂以后就回来了。这就是一种效应,人口回来了,为这个地方创造价值的群体也就回来了,产业也就回来了。

项目组成员:

感谢您的耐心解答,也更加感谢咱们隆基为扶贫事业做出的贡献。

三、中国水电顾问集团第一次访谈记录

访谈时间: 2020 年 2 月 8 日

访谈人物: 公司扶贫负责人

访谈内容: 录音

项目组成员:

2016—2020 年的精准扶贫政策阶段,咱们公司主要的扶贫方向和方式是什么?合作主体(政府、社会组织、其他企业等)及合作方式可否简单地介绍一下。

扶贫负责人：

这个阶段其实方式比较简单，就还是单纯投入型的，比如直接捐赠，将经济投入到贫困户；消费扶贫，我们购买定点扶贫村镇的产品，帮他们解决部分销路；还有就是持续完成各类专项扶贫任务。

项目组成员：

贵公司在精准扶贫阶段，是仅仅单边的经济利益输出，还是也为未来业务布局和行业战略进行规划？是否有所收获？

扶贫负责人：

对于未来业务布局会向国家重点扶持地区有所倾向，但重点还是考虑项目本身的条件。我公司也投资建设了有扶贫任务的项目，这些项目确实得到了国家的一些扶持，我们既参与了扶贫任务，也确实获得了项目收益，我们还会每年拿出一定的资金用于当地发展。助力打赢精准脱贫攻坚战中，我们充分发挥行业优势和业务特色，努力探索扶贫方式，积极投身扶贫工作，投资开发了国家第一批集中式地面光伏扶贫项目——河北北庄堡光伏电站。以"突出项目建设、构建和谐社会"为突破口，加大投资项目所在地贫困农村地区基础设施建设，如桃源水电站的兴建在通航条件改善、城市环境提升、旅游开发、濒危动物保护等方面做出了巨大贡献，带动当地经济、社会发展水平实现了质的飞跃，开创了政企合作共赢的良好局面。

项目组成员：

2020 年是精准扶贫的收官之年，国家政策层面进一步提出了"乡村振兴战略"，贵公司是否重新规划了扶贫战略，根据大政方针演化扶贫方式？

扶贫负责人：

首先是配合国家政策倡议，扶贫战略要求开展工作。精准扶贫阶段做过的事要巩固、维持，然后更侧重契合我们本身的业务特点。我们未来更注重绿色发展理念，积极投身于风电、光伏、光热等清洁能源，这个可以因地制宜地为偏远地区乡村解决用电问题，所以未来可能布局乡村清洁能源产业链。

项目组成员：

立足于贵公司自身的业务特点、行业特点等，结合乡村振兴的五个方面（产业振兴、人才振兴、文化振兴、生态振兴、组织振兴），谈谈贵公司未来长效扶贫战略的具体规划。

扶贫负责人：

人才振兴方面我公司一直非常重视教育扶贫，多个项目公司与当地教育部门、学校开展爱心助学活动，今后我公司会继续做好相关教育扶贫工作。在其他方面，我公司会统一按照集团公司要求开展工作。

还有就是产业长远的规划，桃源水电站就是一个好的案例，其实已经是在助力乡村振兴。建电站是我们的主要业务之一，这是我们扩大产业的路径，电站建设过程中，还实现了通航条件改善、城市环境提升、旅游开发、濒危动物保护等，带动当地经济、社会发展水平实现了质的飞跃，开创了政企合作共赢的良好局面。所以，未来我们更看重联动型的产业布局，企业拓展了业务，乡村得到了建设，民众获得了资源，生态得到了保护。

项目组成员：

贵公司在做出这些具体的规划时，主要的出发点或者动机是什么？

扶贫负责人：

除了社会责任的担当，还有业务开展的需求，推广我们的产业来扩大用户市场，提升企业的盈利能力。还有一个点，国家目前也在大力推行绿色低碳发展，我们在配合乡村生态振兴的过程中，本身也是对我们企业理念以及绿色清洁能源品牌的一种宣传。

项目组成员：

乡村振兴是一项任重而道远的国家政策，将会长期推行、稳步前进。贵公司希望通过深入配合参与此项政策，获得哪些收益（广义的收益）？

扶贫负责人：

应该说更多的是获得社会效益，实现企业和地方政府之间的共赢。作为新能源投资企业，我公司将继续积极发挥自身的央企优势、业务优势，统筹推进新能源项目投资、开发、建设、运营高质量发展，高度重视践行社会责任。

比如一个我们很典型的项目，在海南我们开发了渔光互补电站，就是光伏板下面是鱼塘，既利用了光伏板下面的空间，又能为渔业及周边地区提供电能，同时招募当地村民工作以解决当地的就业问题。这是个一举多得、互利共赢的事情。我们行业特长嘛，光伏发电，这个清洁能源契合了生态振兴，给乡村带去了清洁能源；鱼塘更进一步高效利用空间，也可以带给村民创收的手段；这样的渔光互补逐渐形成产业规模，那就可以带动一大片地区产业发展，也给大量的乡村人民提供劳动岗位。这个过程，我们也是大大地扩展了我们的产业，获得了很好的收益。这真的是授之以渔了。

项目组成员：

感谢您的耐心解答，更要谢谢贵企业为扶贫兴村做出的贡献。

四、广州国有资产管理集团有限公司第一次访谈记录

访谈时间： 2020 年 2 月 9 日

访谈人物： 公司工会负责人

访谈内容： 录音

项目组成员：

2016—2020 年的精准扶贫政策阶段，咱们公司主要的扶贫方向和方式是什么？合作主体（政府、社会组织、其他企业等）以及合作方式可否简单介绍一下。

工会负责人：

我们公司是依托国资委的，践行国家政策还是更有前瞻性的。从 2013 年年底开始就派驻了驻村干部，点对点地精准扶贫，帮助老乡解决实际困难；不计回报，承担这种社会责任。

项目组成员：

贵公司在精准扶贫的阶段，是仅仅单边的经济利益输出，还是也为未来业务布局和行业战略进行规划？是否有所收获？

工会负责人：

这个阶段，我们投入大量的人力、物力、财力，经济上的收益是没有的。收获的话，首先主要是提升了我们国企的这种担当层次，真的让每个人都感受到了一种时代使命感，这也融入了我们的企业

文化之中。在这些年，企业的精神面貌肯定得到了升华，国企一方面是要盈利，一方面要始终贯穿社会职责的承担，国好才能家好，这不是一句空话。而且，我们集团本身有好多的老字号品牌，比如大同酒家、陶陶居、莲香楼等，都是耳熟能详的，这种社会责任承担的过程中，也是对老字号的知名度进一步推广，也加大了媒体宣传，产生了积极的社会效应。

项目组成员：

2020 年是精准扶贫的收官之年，国家政策层面进一步提出了"乡村振兴战略"，贵公司是否重新规划了扶贫战略，根据大政方针演化扶贫方式？

工会负责人：

肯定是不再以直接经济投入为主要手段，还是要结合我们的企业特点做些事情。这个先精准扶贫了，乡村已经脱贫，有了一定的能力，接下来可以考虑合作和互利共赢的事儿了。还有就是乡村振兴，我们也要借势老字号振兴，产品产业振兴，谋求更长远的发展。

项目组成员：

立足于贵公司自身的业务特点、行业特点等，结合乡村振兴的五个方面（产业振兴、人才振兴、文化振兴、生态振兴、组织振兴），谈谈贵公司未来长效扶贫战略的具体规划。

工会负责人：

举个例子吧，也是我们目前的一个构思。我们在精准扶贫阶段助力的那个凤二村，其实有个特色产品：凤凰鸡，这个鸡蛋和制成品都很有营养价值。但是，村里没发展起来，原来村里的路都不好，产品有了也没销路。我们的老字号，做食品餐饮的老字号擅长这个呀。所以是什么？产业帮扶。比如，我们的老字号品牌去协助开发这个凤凰鸡的产品和品牌，做一个产业帮扶。那对我们老字号来说也是一个产品创新，做这种原生态的乡村食物。所以，这种老字号与乡村产品的联动会不会产生很好的互利共赢局面？我们很期待。还有就是，老字号与乡村产品、乡村产业的联动，本身对双方都是一种品牌的创新和文化的传承，这也是一种传统老字号文化的振兴过程。

总归来说，这种产业互帮互助、实现互利共赢的思路是我们未来要不断开发创新的。还有就是发扬品牌，助力文化振兴和传承。

项目组成员：

贵公司在做出这些具体的规划时，主要的出发点或者动机是什么？

工会负责人：

其实也都提到了，首先肯定是社会责任的承担，然后就是我们也确实可以拓宽我们的食品产业链，宣传我们的老字号文化。媒体也会对这个事情有很好的宣传，往高说这是对政策的践行，往低说这也是对我们旗下企业产业的宣传广告。

项目组成员：

乡村振兴是一项任重而道远的国家政策，将会长期推行、稳步前进。贵公司希望通过深入配合参与此项政策，获得哪些收益（广义的收益）？

工会负责人：

前面也都提到了，首先是想要拓展产业链，我们也想创新老字号产品，还有就是宣传老字号文化；希望国家对这种乡村振兴战略下的老字号文化更有推广。

项目组成员：

感谢您的耐心解答，更要谢谢贵企业为扶贫兴村做出的贡献。

五、碧桂园集团第一次访谈记录

访谈时间： 2020 年 3 月 20 日

访谈人物： 公司扶贫负责人

访谈内容： 录音

项目组成员：

2016—2020 年的精准扶贫政策阶段，咱们公司主要的扶贫方向和方式是什么？合作主体（政府、社会组织、其他企业等）以及合作方式可否简单介绍一下。

扶贫负责人：

我们其实早就开始扶贫事业了。大概是从 1997 年开始，那会儿就是给山区捐资助学，开展教育扶贫。2000 年初，就开始发挥主业特长去盖学校，高中、职校都有。2007 年左右，我们就已经派出了驻村扶贫工作人员，但那个时候比较零散，但这个模式已经有了。2018 年起，我们大规模地选点扶贫，跟 14 个县签约，带动整县脱贫。目前是达到 16 个省、57 个县的帮扶规模。我们已经建立了"4+X 模式"的碧桂园扶贫模式，即产业、就业、党建、教育扶贫，X 是结合各个地方的特色，因地制宜的理念。

项目组成员：

贵公司在精准扶贫的阶段，是仅仅单边的经济利益输出，还是也为未来业务布局和行业战略进行规划？是否有所收获？

扶贫负责人：

这主要是一种企业社会责任吧，企业回馈社会的担当。收益是随之而来的，我们获得了社会影响力，塑造了正面积极的市场形象，有利于企业商业板块的扩张。

项目组成员：

2020年是精准扶贫的收官之年，国家政策层面进一步提出了"乡村振兴战略"，贵公司是否重新规划了扶贫战略，根据大政方针演化扶贫方式？

扶贫负责人：

那是肯定的。其实我们前瞻性很早了，我们已经形成的碧桂园扶贫模式，已经在向振兴模式转变了。我们甚至建立了企业扶贫行业标准，可以被任何企业拿来直接套用的商业标准级别的，这种高效的模式我们当然会继续推进。未来的战略肯定更侧重于和我们的产业布局协调共进。

项目组成员：

立足于贵公司自身的业务特点、行业特点等，结合乡村振兴的五个方面（产业振兴、人才振兴、文化振兴、生态振兴、组织振兴），谈谈贵公司未来长效扶贫战略的具体规划。

扶贫负责人：

这一点前面已经提到了，我们的4+X模式，已经前瞻性地与五个方面的振兴相契合，这个X提到的结合当地特色因地制宜，其实就是我们提到的一个理念：建设美丽新乡村。所以你看，产业、就业、组织党建、教育、生态，不谋而合。我们未来还将延续这一模式，不断推进，不断完善。

项目组成员：

贵公司在做出这些具体的规划时，主要的出发点或者动机是什么？

扶贫负责人：

首先是，我们创始人的一种理念，可以说是企业家精神：他认为他的钱赚自社会，这钱还是社会的，他只是帮忙保管再分配，所以必须回馈社会。这种初心、这种理念促使我们的企业文化一贯如此：回馈社会。这样的企业家精神是我们持续做这件事的原生动力。然后呢，在这个过程中我们得到了社会的认可和市场影响力，我们的市场占有率也在提高，这算是社会收益；还有就是具体一些的，我们碧桂园虽然一直是以地产为主业的这么一个企业，但我们近几年乃至未来很长一段时间，都在寻求企业转型，我们在积极布局现代农业、社区超市、社区服务等，这是一条地产业务中客户需求衍生的全新产业链布局，这和城乡一体化、乡村发展息息相关，我们助力乡村发展，也在为我们自己的现代农业产业积极布局，这是个互利共赢的局面。我们的多元化业务发展，可以很高地结合产业链优势与乡村地区特点，这种模式是可持续、可复制的。最后还有一个就是我们有企业基金会，通过行业拓展也会进行一些市场化的扶贫、振兴，可以获得经济收益，再进入基金会继续延续这种模式，也是可持续的，这种模式也可以在城乡一体化进程中向乡村拓展，助力产业振兴。

项目组成员：

乡村振兴是一项任重而道远的国家政策，将会长期推行、稳步前进。贵公司希望通过深入配合参与此项政策，获得哪些收益（广义的收益）？

扶贫负责人：

我觉得这个问题跟上一个驱动力问题是糅合兼容的，有收益才产生驱动力嘛。

项目组成员：

感谢您的耐心解答，更要谢谢贵企业为扶贫兴村做出的贡献。

附录二

参考文献

[1] 阿布都伟力·买合普拉. 为乡村振兴提供有力制度保障 [N]. 人民日报,
2021-10-27（009）.

[2] 陈冬,罗祎. 公司避税影响审计定价吗？[J]. 经济管理, 2015, 37（03）:
98-109.

[3] 陈晖丽,刘峰. 融资融券的治理效应研究——基于公司盈余管理的视角 [J].
会计研究, 2014（09）: 45-52, 96.

[4] 陈克兢. 媒体监督、法治水平与上市公司盈余管理 [J]. 管理评论, 2017,
29（7）: 3-18.

[5] 陈信元,陈冬华,万华林,等. 地区差异、薪酬管制与高管腐败 [J]. 管理
世界, 2009（11）: 130-143+188.

[6] 陈信元、黄俊. 政府干预、多元化经营与公司业绩 [J]. 管理世界, 2007.

[7] 陈志,丁士军,吴海涛. 帮扶主体、帮扶措施与帮扶效果研究——基于华中
L 县精准扶贫实绩核查数据的实证分析 [J]. 财政研究, 2017, （10）: 103-
112.

[8] 程仲鸣、夏新平、余明桂. 政府干预、金字塔结构与地方国有上市公司投
资 [J]. 管理世界, 2008.

[9] 戴亦一,彭镇,潘越. 企业慈善捐赠：诉讼风险下的自我救赎 [J]. 厦门大
学学报（哲学社会科学版）, 2016（02）: 122-131.

[10] 豆书龙,叶敬忠.乡村振兴与脱贫攻坚的有机衔接及其机制构建 [J].改革,2019.

[11] 杜世风,石恒贵,张依群.中国上市公司精准扶贫行为的影响因素研究——基于社会责任的视角 [J].财政研究,2019（02）：104–115.

[12] 杜运周,尤树洋.制度逻辑与制度多元性研究前沿探析与未来研究展望,外国经济与管理,2013.

[13] 樊纲,王小鲁,朱恒鹏.中国市场化指数——各地区市场化相对进程2011年报告 [M].北京：经济科学出版社,2011.

[14] 方红星,张勇,王平.法制环境、供应链集中度与企业会计信息可比性 [J].会计研究,2017（07）：33–40,96.

[15] 冯延超,梁莱歆.上市公司法律风险、审计收费及非标准审计意见——来自中国上市公司的经验证据 [J].审计研究,2011（3）：75–81.

[16] 傅超,吉利.诉讼风险与公司慈善捐赠——基于"声誉保险"视角的解释 [J].南开管理评论,2017（02）：108–121.

[17] 高敬忠,韩传模,王英允.公司诉讼风险与管理层盈余预告披露方式选择——来自中国 A 股上市公司的经验证据 [J].经济与管理研究,2011（5）：102–112.

[18] 高艳慧,万迪昉,蔡地.政府研发补贴具有信号传递作用吗？——基于我国高技术产业面板数据的分析 [J].科学学与科学技术管理,2012 33（01）：5–11.

[19] 高勇强,陈亚静,张云均."红领巾"还是"绿领巾"：民营企业慈善捐赠动机研究 [J].管理世界,2012（08）：106–114,146.

[20] 官留记.政府主导下市场化扶贫机制的构建与创新模式研究——基于精准扶贫视角 [J].中国软科学,2016.

[21] 辜胜阻,李睿,杨艺贤,等.推进"十三五"脱贫攻坚的对策思考 [J].财政研究,2016（02）：7–16.

[22] 郭建宇,白婷.产业扶贫的可持续性探讨——以光伏扶贫为例 [J].经济纵横,2018（07）：109–116.

[23] 郭俊华,卢京宇.产业兴旺推动乡村振兴的模式选择与路径 [J].西北大学学报（哲学社会科学版）,2021（06）：42–51.

[24] 何平林，孙雨龙，宁静，等．高管特质、法治环境与信息披露质量 [J]. 中国软科学，2019（10）：112-128.

[25] 何轩，朱丽娜，马骏．中国上市公司违规行为：一项以制度环境为视角的经验性研究 [J]. 管理工程学报，2019（04）：61-73.

[26] 侯青川，靳庆鲁，陈明端．经济发展、政府偏袒与公司发展——基于政府代理问题与公司代理问题的分析 [J]. 经济研究，2015（01）：140-152.

[27] 胡旭阳，史晋川．民营企业的政治资源与民营企业多元化投资——以中国民营企业 500 强为例 [J]. 中国工业经济，2008（04）：5-14.

[28] 黄敏学，李小玲，朱华伟．企业被"逼捐"现象的剖析：是大众"无理"还是企业"无良"？[J]. 管理世界，2008.

[29] 贾明，张喆．高管的政治关联影响公司慈善行为吗？[J]. 管理世界，2010（04）：99-113，187.

[30] 贾明，向翼．从政府主导到企业自主：民营企业参与扶贫的模式升级 [N]. 南方周末，2020，10，19.

[31] 贾旭东，郝刚．基于经典扎根理论的虚拟政府概念界定及组织模型构建 [J]. 中国工业经济，2013.

[32] 贾旭东，衡量．基于"扎根精神"的中国本土管理理论构建范式初探 [J]. 管理学报，2016.

[33] 金静，汪燕敏，孙明．客户集中度对企业创新影响的实证分析——兼论法律环境的调节效应 [J]. 内蒙古财经大学学报，2020（03）：113-119.

[34] 李芳华，张阳阳，郑新业．精准扶贫政策效果评估——基于贫困人口微观追踪数据 [J]. 经济研究，2020.

[35] 李虹，田马飞．内部控制、媒介功用、法律环境与会计信息价值相关性 [J]. 会计研究，2015（6）：64-71，97.

[36] 李明，郑艳秋．盈余管理、媒体负面报道与公司上市后业绩变脸——基于我国创业板上市公司的经验证据 [J]. 管理评论，2018（12）：212-225.

[37] 李维安，王鹏程，徐业坤．慈善捐赠、政治关联与债务融资——民营企业与政府的资源交换行为 [J]. 南开管理评论，2015（01）：4-14.

[38] 李小荣，张瑞君，董红晔．债务诉讼与股价崩盘风险 [J]. 中国会计评论，2014（2）：133-158.

[39] 李晓丹，刘洋.制度复杂理论研究进展及对中国管理研究的启示 [J]. 管理学报，2015.

[40] 李晓溪，饶品贵，岳衡.年报问询函与管理层业绩预告 [J]. 管理世界，2019（08）：173–188，192.

[41] 李昕.如何让光伏扶贫走得更远 [N]. 中国能源报，2014–11–24.

[42] 李延喜，陈克兢，姚宏，等.基于地区差异视角的外部治理环境与盈余管理关系研究——兼论公司治理的替代保护作用 [J]. 南开管理评论，2012（04）：89–100.

[43] 梁建，陈爽英，盖庆恩.民营企业的政治参与、治理结构与慈善捐赠 [J]. 管理世界，2010（07）：109–118.

[44] 林斌，周美华，舒伟，等.内部控制、公司诉讼和公司价值 [J]. 中国会计评论，2013（4）：431–456.

[45] 林斌，周美华，舒伟.内部控制、公司诉讼与债务契约——基于 A 股市场的经验研究 [J]. 审计与经济研究，2015（3）：3–11.

[46] 刘慧，张俊瑞，孙嘉楠.上市公司未决诉讼、法律环境与审计报告时滞 [J]. 审计研究，2018（03）：112–120.

[47] 刘慧，张俊瑞，周键.诉讼风险、法律环境与企业债务融资成本 [J]. 南开管理评论，2016（5）：16–27.

[48] 刘慧，张俊瑞.2018.政府干预，内部控制与公司未决诉讼 [J]. 管理评论，2018（10）：207–220.

[49] 刘慧、贾明.从脱贫攻坚到乡村振兴：缩小城乡发展势差是核心之举，党建网，http://www.wenming.cn/djw/shouye/sixianglilun/lilunqiangdang/202012/t20201222_5892715.shtml

[50] 刘慧，贾明，张俊瑞.价值共创是企业从精准扶贫到乡村振兴的关键接口 [N]. 南方周末，2021 .6.30.

[51] 刘明慧，侯雅楠 . 财政精准减贫：内在逻辑与保障架构 [J]. 财政研究，2017（07）：9–22.

[52] 刘奇.【高质量发展之路·乡村振兴】动能转换，乡村振兴怎样实现"聚变"？，新华网，http://sike.news.cn/statics/sike/posts/2018/04/219530707.html.

[53] 刘启亮，罗乐，何威风，等 . 产权性质、制度环境与内部控制 [J]. 会计研

究 2012（03）：52–61，95.

[54] 刘向强，赵阳，孙健.诉讼风险与董事高管责任保险——基于中国 A 股上市公司的经验证据 [J].商业经济与管理，2017（9）：61–71.

[55] 刘学敏.贫困县扶贫产业可持续发展研究 [J].中国软科学，2020（03）：79–86.

[56] 刘永泽，张多蕾，唐大鹏.市场化程度、政治关联与盈余管理——基于深圳中小板民营上市公司的实证研究 [J].审计与经济研究，2013（02）：49–58.

[57] 卢文彬，官峰，张佩佩，等.媒体曝光度、信息披露环境与权益资本成本 [J].会计研究 2014（12）：66–71，96.

[58] 罗必良，洪炜杰，耿鹏鹏，等.赋权、强能、包容：在相对贫困治理中增进农民幸福感 [J].管理世界，2021（10）：166–181，240，182.

[59] 罗党论，聂超颖.法律诉讼、银企关系与企业融资 [J].金融学季刊，2013（1）：120–136.

[60] 罗党论，唐清泉.政治关系、社会资本与政策资源获取：来自中国民营上市公司的经验证据 [J].世界经济，2009（07）：84–96.

[61] 罗党论，唐清泉.中国民营上市公司制度环境与绩效问题研究 [J].经济研究，2009（02）：106–118.

[62] 罗党论，甄丽明.民营控制、政治关系与企业融资约束——基于中国民营上市公司的经验证据 [J].金融研究，2008（12）：164–178.

[63] 罗正英，李益娟，常昒.民营企业的股权结构对 R&D 投资行为的传导效应研究 [J].中国软科学，2014（03）：167–176.

[64] 毛新述，孟杰.内部控制与诉讼风险 [J].管理世界，2013（11）：155–165.

[65] 潘红波，夏新平，余明桂.政府干预、政治关联与地方国有企业并购 [J].经济研究，2008（04）：41–52.

[66] 潘红波、夏新平、余明桂.政府干预、政治关联与地方国有企业并购，经济研究，2008.

[67] 潘越，潘健平，戴亦一.公司诉讼风险、司法地方保护主义与企业创新 [J].经济研究，2015（3）：131–145.

[68] 钱爱民，郁智.诉讼风险、产权性质与盈余管理[J].证券市场导报，2017（7）：16-24.

[69] 盛明泉，张春强，王烨.高管股权激励与资本结构动态调整[J].会计研究，2016（02）：44-50，95.

[70] 师博、沈坤荣.政府干预、经济集聚与能源效率[J].管理世界，2013.

[71] 施海波，李芸，张姝，等.精准扶贫背景下产业扶贫资产管理与收益分配优化研究[J].农业经济问题2019（03）：92-99.

[72] 孙乐强.农民土地问题与中国道路选择的历史逻辑——透视中国共产党百年奋斗历程的一个重要维度[J].中国社会科学2021（06）：49-76，205.

[73] 孙平，邵帅，石佳云，等.基于扎根理论的短视频抖音用户出游行为形成机理研究[J].管理学报，2020.

[74] 唐雪松，周晓苏，马如静.政府干预、GDP增长与地方国企过度投资[J].金融研究，2010.

[75] 田宇，王克，黄卫，等.扶贫制度环境对东部企业西部分支机构绩效的影响机制研究[J].管理学报，2019.

[76] 王兵，吕梦，苏文兵.政治关联与企业涉诉风险[J].财贸研究，2019（02）：74-87.

[77] 王春光.乡村建设与全面小康社会的实践逻辑[J].中国社会科学，2020（10）：26-47，204-205.

[78] 王帆，陶媛婷，倪娟.精准扶贫背景下上市公司的投资效率与绩效研究——基于民营企业的样本[J].中国软科学，2020.

[79] 王建明，王俊豪.公众低碳消费模式的影响因素模型与政府管制政策——基于扎根理论的一个探索性研究[J].管理世界，2011.

[80] 王克敏，刘静，李晓溪.产业政策、政府支持与公司投资效率研究[J].管理世界，2017.

[81] 王守坤，任保平.财政联邦还是委托代理：关于中国式分权性质的经验判断[J].管理世界，2009（11）：29-40，187.

[82] 王玮，徐梦熙.移动互联网背景下整合使用概念、维度及其对任务绩效的影响机制——基于扎根理论的探索性研究[J].南开管理评论，2020.

[83] 王文姣，夏常源，傅代国，等.独立董事网络、信息双向传递与公司被诉

风险 [J]. 管理科学，2017（4）：63-78，82，79-81.

[84] 王彦超，姜国华，辛清泉. 诉讼风险、法制环境与债务成本 [J]. 会计研究，2016（6）：30-37，94.

[85] 王彦超，林斌，辛清泉. 市场环境、民事诉讼与盈余管理 [J]. 中国会计评论，2008（1）：21-40.

[86] 王亚华，舒全峰. 中国精准扶贫的政策过程与实践经验 [J]. 清华大学学报（哲学社会科学版），2021（01）：141-155，205.

[87] 王扬眉. 家族企业继承人创业成长金字塔模型——基于个人意义构建视角的多案例研究 [J]. 管理世界，2019.

[88] 王雨磊，苏杨. 中国的脱贫奇迹何以造就？——中国扶贫的精准行政模式及其国家治理体制基础 [J]. 管理世界，2020.

[89] 王运通，姜付秀. 多个大股东能否降低公司债务融资成本 [J]. 世界经济，2017（10）：119-143.

[90] 魏志华，曾爱民，李博. 金融生态环境与企业融资约束——基于中国上市公司的实证研究 [J]. 会计研究，2014（05）：73-80，95.

[91] 魏晓波. 分布式光伏发电在扶贫工作中大有可为 [J]. 北方经济，2016（03）：39-41.

[92] 吴文锋，吴冲锋，芮萌. 中国上市公司高管的政府背景与税收优惠 [J]. 管理世界，2009（03）：134-142.

[93] 夏立军，陆铭，余为政. 政企纽带与跨省投资——来自中国上市公司的经验证据 [J]. 管理世界，2011（07）：128-140.

[94] 晓芳. 声誉机制——内部控制的自我执行 [J]. 商业会计 2014（11）：6-9.

[95] 邢小强，仝允桓，陈晓鹏. 金字塔底层市场的商业模式：一个多案例研究 [J]. 管理世界，2011.

[96] 徐建中，曲小瑜. 基于扎根理论的装备制造企业环境技术创新行为驱动因素的质化研究 [J]. 管理评论，2014.

[97] 徐玮. 政府干预、不完备法律对上市公司重大诉讼公告市场反应的影响 [J]. 财会月刊，2011（24）：8-11.

[98] 许年行，江轩宇，伊志宏，等. 政治关联影响投资者法律保护的执法效率吗？[J]. 经济学（季刊），2013（02）：373-406.

[99] 严若森,姜潇.关于制度环境、政治关联、融资约束与企业研发投入的多重关系模型与实证研究 [J]. 管理学报,2019(01):72–84.

[100] 燕继荣.反贫困与国家治理——中国"脱贫攻坚"的创新意义 [J]. 管理世界,2020.

[101] 严红.嵌入与整合:乡村振兴战略下村落现代转型的实现机制——基于鄂西 L 村农业产业的调查 [J/OL]. 农林经济管理学报,1–9〔2021–11–14〕.

[102] 叶兴庆.迈向 2035 年的中国乡村:愿景、挑战与策略 [J]. 管理世界,2021(04):98–112.

[103] 杨鲲鹏.创新扶贫模式破解融资难题 [N]. 中国能源报,2017–05–20.

[104] 杨其静.企业成长:政治关联还是能力建设? [J]. 经济研究,2011(10):54–66,94.

[105] 姚胜琦,童菲,周晓辉.上市公司诉讼仲裁信息的披露与股票非系统波动性的变化 [J]. 系统工程,2006(7):37–44.

[106] 余劲松.法律投资者利益保护的国际比较 [J]. 浙江金融,2007(5):27–28.

[107] 余明桂,潘红波.政治关系、制度环境与民营企业银行贷款 [J]. 管理世界,2008(08):9–21,39,187.

[108] 俞国栋,周开国,郑倩昀.法律诉讼与公司财务政策 [J]. 证券市场导报,2015(12):27–35.

[109] 张桂强.企业参与扶贫研究 [D]. 北京:中国地质大学,2015.

[110] 张俊瑞,刘慧,李彬.企业社会责任报告降低企业的诉讼风险了吗? [J]. 预测,2017(1):34–40.

[111] 张俊瑞,刘慧,杨蓓.分析师跟进、法律环境与企业诉讼风险 [J]. 财经论丛,2016(9):72–80.

[112] 张俊瑞,刘慧,杨蓓.未决诉讼对审计收费和审计意见类型的影响研究 [J]. 审计研究,2015(01):67–74.

[113] 张敏,马黎珺,张雯.企业慈善捐赠的政企纽带效应——基于我国上市公司的经验证据 [J]. 管理世界,2013(07):163–171.

[114] 张敏,张胜,王成方,等.政治关联与信贷资源配置效率——来自我国民

营上市公司的经验证据 [J]. 管理世界，2010（11）：143-153.

[115]　张宁、才国伟 . 国有资本投资运营公司双向治理路径研究——基于沪深两地治理实践的探索性扎根理论分析 [J]. 管理世界，2021.

[116]　张新民，葛超，杨道广，等 . 税收规避、内部控制与企业风险 [J]. 中国软科学，2019（09）：108-118.

[117]　张玉明、邢超 . 企业参与产业精准扶贫投入绩效转化效果及机制分析——来自中国 A 股市场的经验证据 [J]. 商业研究，2019.

[118]　张志银 . 健全"三治融合"乡村治理体系 [N]. 光明网，2021-06-30.

[119]　张志银 . 以财政政策为抓手支持乡村振兴 [N]. 经济日报，2021-08-31.

[120]　赵康生，周萍，刘玉博 . 管理层持股、所有权性质与公司诉讼风险 [J]. 软科学，2017（5）：60-65.

[121]　郑瑞强，王英 . 精准扶贫政策初探 [J]. 财政研究，2016（2）：17-24.

[122]　郑志刚，邓贺斐 . 法律环境差异和区域金融发展——金融发展决定因素基于我国省级面板数据的考察 [J]. 管理世界，2010（06）：14-27，187.

[123]　朱威 . 中国民营企业扶贫问题研究 [D]. 吉林大学，2016.

[124]　朱羿 . 乡村振兴是精准扶贫的 2.0 版 [J]. 中国社会科学报，2018.

[125]　ADHIKARI A, DERASHID C, ZHANG H. Public policy, political connections, and effective tax rates: Longitudinal evidence from Malaysia[J], Journal of Accounting and Public policy, 2006(5): 574-595.

[126]　ADHIKARI B K, AGRAWAL A, MALM J. Do women managers keep firms out of trouble? Evidence from corporate litigation and policies[J], Journal of Accounting and Economics, 2019(1): 202-225.

[127]　AI M, BAI J J, CHEN T, et al, The spillover of shareholder litigation risk and corporate voluntary disclosure[J], 2019.

[128]　ARENA M, JULIO B. Litigation risk, cash holdings, and corporate investment[J], Marquette University and London Business School Working Paper, 2011.

[129]　BERKMAN H, COLE R A, FU L J. Political connections and minority-shareholder protection, Evidence from securities-market regulation in China[J]. Journal of Financial and Quantitative Analysis, 2010(6): 1391-1417.

[130] BERTRAND M, MULLAINATHAN S. Enjoying the quiet life? Corporate governance and managerial preferences[J], Journal of political Economy, 2003(5): 1043–1075.

[131] BHAGAT S, BIZJAK J, COLES J L. The shareholder wealth implications of corporate lawsuits[J]. Financial Management, 1998: 5–27.

[132] BHAGAT S, ROMANO R. Event studies and the law: Part I: Technique and corporate litigation[J]. American Law and Economics Review, 2002(1): 141–168.

[133] BILLINGS M B, CEDERGREN M C. Strategic silence, insider selling and litigation risk[J]. Journal of Accounting and Economics, 2015(2–3): 119–142.

[134] BIZJAK J M, COLES J L. The effect of private antitrust litigation on the stock–market valuation of the firm[J]. The American Economic Review, 1995: 436–461.

[135] CAMPBELL J L. Why would corporations behave in socially responsible ways? An institutional theory of corporate social responsibility[J]. Academy of management Review, 2007(3): 946–967.

[136] CAO Z, NARAYANAMOORTHY G S. The effect of litigation risk on management earnings forecasts[J]. Contemporary Accounting Research, 2011(1): 125–173.

[137] CHAN K S, DANG V Q T, YAN I K M. Financial reform and financing constraints: Some evidence from listed Chinese firms[J]. China Economic Review, 2012(2): 482–497.

[138] CHANEY P K, FACCIO M, PARSLEY D. The quality of accounting information in politically connected firms[J]. Journal of accounting and Economics, 2011(1–2): 58–76.

[139] CHANG, Y, HE, W. and WANG, J. Government Initiated Corporate Social Responsibility Activities: Evidence from a Poverty Alleviation Campaign in China[J]. Journal of Business Ethics, 2020: 1–25.

[140] CUTLER D M, SUMMERS L H. The costs of conflict resolution and financial distress: Evidence from the Texaco–Pennzoil litigation[J].

[141] DONG H, ZHANG H. Litigation Risk and Corporate Voluntary Disclosure: Evidence from Two Quasi-Natural Experiments[J]. European Accounting Review, 2019(5): 873-900.

[142] ENGELMANN K, CORNELL B. Measuring the cost of corporate litigation: Five case studies[J]. The Journal of Legal Studies, 1988(2): 377-399.

[143] FACCIO M, MASULIS R W, MCCONNELL J J. Political connections and corporate bailouts[J]. The Journal of Finance, 2006(6): 2597-2635.

[144] FACCIO M, PARSLEY D C. Sudden Deaths: Taking Stockof Geographic Ties [J]. Journal of Financial and Quantitative Analysis, 2007.

[145] FACCIO M. 2006. Politically connected firms[J]. American economic review, 2006(1): 369-386.

[146] FAN J P H, RUI O M, ZHAO M. Public governance and corporate finance: Evidence from corruption cases[J]. Journal of Comparative Economics, 2008(3): 343-364.

[147] FAN J P H, WONG T J, ZHANG T. Politically connected CEOs, corporate governance, and Post-IPO performance of China's newly partially privatized firms[J]. Journal of financial economics, 2007(2): 330-357.

[148] FASSINGER, R E. Paradigms, praxis, problems, and promise: Grounded theory in counseling psychology research, Journal of counseling psychology, 2005(2): 156.

[149] FIRTH M, RUI O M, WU W. The effects of political connections and state ownership on corporate litigation in China[J]. Journal of Law and Economics, 2011(3): 573-607.

[150] GREENWOOD R, OLIVER C, SAHLIN, K, et al. The SAGE handbook of organizational institutionalism, 2008: 99-129.

[151] GREENWOOD R, RAYNARD M KODEIH E, et al. Institutional complexity and organizational responses, Academy of Management Annals, 2011(1): 317-371.

[152] HALFORD J T, LI C. Political connections and debt restructurings[J]. Journal of Corporate Finance, 2019: 101497.

[153] HARVEY C, MACLEAN M, SUDDABY R. Historical Perspectives on Entrepreneurship and Philanthropy[J]. Business History Review, 2019(3): 443–471.

[154] HOGARTH K, HUTCHINSON M, SCAIFE W. Corporate philanthropy, reputation risk management and shareholder value: A study of Australian corporate giving[J]. Journal of Business Ethics, 2018(2): 375–390.

[155] HOUSTON J F, LIN C, LIU S, et al. Litigation Risk and Voluntary Disclosure: Evidence from Legal Changes[J]. The Accounting Review, 2019.

[156] JARZABKOWSKI P, SMETS M, BEDNAREK R, et al. Institutional ambidexterity: Leveraging institutional complexity in practice//Institutional logics in action, part B, Emerald Group Publishing Limited, 2013.

[157] JOHNSON S, MITTON T. Cronyism and capital controls: evidence from Malaysia[J]. Journal of financial economics, 2003(2): 351–382.

[158] KIM I, SKINNER D J. Measuring securities litigation risk[J]. Journal of Accounting and Economics, 2012(1–2): 290–310.

[159] LAUX V, STOCKEN P C. Managerial reporting, over optimism, and litigation risk[J]. Journal of Accounting and Economics, 2012(3): 577–591.

[160] LI H, MENG L, WANG Q, et al. Political connections, financing and firm performance: Evidence from Chinese private firms[J]. Journal of development economics, 2008(2): 283–299.

[161] LIN K Z, MILLS L F, ZHANG F, et al. Do political connections weaken tax enforcement effectiveness?[J]. Contemporary Accounting Research, 2018(4): 1941–1972.

[162] LIN N, Cook K, Burt R S, eds. *Social Capital: Theory and Research.* Transaction Publishers, 2001.

[163] LIN-HI N, BLUMBERG I. The link between (not) practicing CSR and corporate reputation: Psychological foundations and managerial implications[J]. Journal of Business ethics, 2018(1): 185–198.

[164] MONTALVO J G, RAVALLION M. The pattern of growth and poverty reduction in China, The World Bank, 2009.

[165] NIESSEN A, RUENZI S. Political connectedness and firm performance: Evidence from Germany[J]. German Economic Review, 2010(4): 441–464.

[166] PANDIT N R. The creation of theory: A recent application of the grounded theory method[J], The qualitative report, 1996(2): 1–15.

[167] PFEFFER J, SALANCIK G R. The external control of organizations: A resource dependence perspective[M]. Stanford University Press, 2003.

[168] POWELL W W, DIMAGGIO, P J. The new institutionalism in organizational analysis", University of Chicago press, 2012.

[169] RAMANNA K, ROYCHOWDHURY S. Elections and discretionary accruals: Evidence from 2004[J]. Journal of Accounting Research, 2010(2): 445–475.

[170] ROBERT P M, HOWARD E ALDRICH, KENNETH E K, et al. The External Control of Organizations: A Resource Dependence Perspective[J]. Public Administration Review, 1980.

[171] SCHOENHERR D. Political connections and allocative distortions[J]. Journal of Finance, forthcoming, 2018.

[172] SHARMA P, CHENG L T W, Leung T Y. Impact of political connections on Chinese export firms' performance–Lessons for other emerging markets[J]. Journal of Business Research, 2020(106): 24–34.

[173] SMEETS R. Does patent litigation reduce corporate R&D? An analysis of US public firms[J], 2014.

[174] STRAUSS A, CORBIN J. Grounded Theory Methodology: An Overview[M]. Handbook of Qualitative Research, Thousand Oaks, CA: Sage, 1994.

[175] SU J, HE J. Does giving lead to getting? Evidence from Chinese private enterprises[J]. Journal of business ethics, 2010(1): 73–90.

[176] THORNTON P H, OCASIO W. Institutional logics and the historical contingency of power in organizations: Executive succession in the higher education publishing industry, 1958–1990[J]. American journal of Sociology, 1999(3): 801–843.

[177] THORNTON P H, OCASIO W, LOUNSBURY M. The institutional logics perspective:a new approach to culture,structure,and process[M]. Oxford,UK:

Oxford University Press, 2012.

[178] WERNERFELT B. A resource-based view of the firm[J]. Strategic mana-
gement journal, 1984(2): 171–180.

[179] WILLIAMS R J, BARRETT J D. Corporate philanthropy, criminal activity,
and firm reputation: Is there a link?[J]. Journal of Business Ethics, 2000(4):
341–350.